CONTEÚDO DIGITAL PARA ALUNOS

Cadastre-se e transforme seus estudos em uma experiência única de aprendizado:

1 Entre na página de cadastro:
https://sistemas.editoradobrasil.com.br/cadastro

2 Além dos seus dados pessoais e dos dados de sua escola, adicione ao cadastro o código do aluno, que garantirá a exclusividade do seu ingresso à plataforma.

1077005A1629208

CB015095

3 Depois, acesse:
https://leb.editoradobrasil.com.br/
e navegue pelos conteúdos digitais de sua coleção :D

Lembre-se de que esse código, pessoal e intransferível, é válido por um ano. Guarde-o com cuidado, pois é a única maneira de você acessar os conteúdos da plataforma.

Editora do Brasil

BRINCANDO COM AS PALAVRAS

ORGANIZADORA: EDITORA DO BRASIL

5

ENSINO FUNDAMENTAL

5ª EDIÇÃO
SÃO PAULO, 2020

Editora do Brasil

Dados Internacionais de Catalogação na Publicação (CIP)
(Câmara Brasileira do Livro, SP, Brasil)

Brincando com as palavras, 5 : ensino fundamental / organização Editora do Brasil. -- 5. ed. -- São Paulo : Editora do Brasil, 2020. -- (Brincando com)

ISBN 978-65-5817-246-8 (aluno)
ISBN 978-65-5817-247-5 (professor)

1. Língua portuguesa (Ensino fundamental) I. Série.

20-41894 CDD-372.6

Índices para catálogo sistemático:

1. Língua portuguesa : Ensino fundamental   372.6

Cibele Maria Dias - Bibliotecária - CRB-8/9427

© Editora do Brasil S.A., 2020
Todos os direitos reservados

Direção-geral: Vicente Tortamano Avanso

Direção editorial: Felipe Ramos Poletti
Gerência editorial: Erika Caldin
Supervisão de arte: Andrea Melo
Supervisão de editoração: Abdonildo José de Lima Santos
Supervisão de revisão: Dora Helena Feres
Supervisão de iconografia: Léo Burgos
Supervisão de digital: Ethel Shuña Queiroz
Supervisão de controle de processos editoriais: Roseli Said
Supervisão de direitos autorais: Marilisa Bertolone Mendes

Supervisão editorial: Selma Corrêa
Edição: Camila Gutierrez e Simone D'Alevedo
Assistência editorial: Gabriel Madeira, Júlia Nejelschi e Márcia Pessoa
Auxílio editorial: Laura Camanho
Apoio editorial: Priscila Ramos de Azevedo
Especialista em copidesque e revisão: Elaine Silva
Copidesque: Giselia Costa, Ricardo Liberal e Sylmara Beletti
Revisão: Amanda Cabral, Andréia Andrade, Fernanda Sanchez, Flávia Gonçalves, Gabriel Ornelas, Jonathan Busato, Mariana Paixão, Martin Gonçalves e Rosani Andreani
Pesquisa iconográfica: Vanessa Volk
Assistência de arte: Erica Bastos
Design gráfico: Cris Viana
Capa: Megalo Design
Edição de arte: Samira de Souza
Imagem de capa: Elvis Calhau
Ilustrações: Biry Sarkis, Bruna Ishihara, Claudia Marianno, cosmaa/Shutterstock.com, Desenhorama, Erick Malagrino, Fabiana Salomão, Marcos, file404/Shutterstock.com, FMStox/Shutterstock.com, graphic stocker/Shutterstock.com, Hein Nouwens/Shutterstock.com, Inkley/Shutterstock.com, Marcos Machado, Martial Red/Shutterstock.com, nanami7/Shutterstock.com, Reinaldo Rosa, Susan Morisse, svaga/Shutterstock.com, Tribalium/Shutterstock.com, Wald Helen, Adamova/Shutterstock.com e Waldomiro Neto
Produção cartográfica: DAE (Departamento de Arte e Editoração)
Editoração eletrônica: Lótus Estúdio e Produção
Licenciamentos de textos: Cinthya Utiyama, Jennifer Xavier, Paula Harue Tozaki e Renata Garbellini
Controle de processos editoriais: Bruna Alves, Carlos Nunes, Rita Poliane, Terezinha de Fátima Oliveira e Valéria Alves

5ª edição / 5ª impressão, 2024
Impresso no parque gráfico da Pifferprint

abdr
ASSOCIAÇÃO BRASILEIRA DOS DIREITOS REPROGRÁFICOS
Respeite o direito autoral

Editora do Brasil

Avenida das Nações Unidas, 12901
Torre Oeste, 20º andar
São Paulo, SP – CEP: 04578-910
Fone: +55 11 3226-0211
www.editoradobrasil.com.br

APRESENTAÇÃO

Querido aluno,

Este livro foi escrito especialmente para você, pensando em seu aprendizado e nas muitas conquistas que virão em seu futuro!

Ele será um grande apoio na busca do conhecimento. Utilize-o para aprender cada vez mais na companhia de professores, colegas e de outras pessoas de sua convivência.

Brincadeiras, poemas, contos, atividades divertidas e muitos assuntos interessantes foram selecionados para você aproveitar seu aprendizado e escrever a própria história!

Com carinho,
Editora do Brasil

SUMÁRIO

VAMOS BRINCAR 6

Unidade 1 12
Texto 1 – "De olhos bem abertos", de Telma Guimarães Castro Andrade 12
Gramática – Sinônimo, antônimo e homônimo 17
Texto 2 – "Com a ponta dos dedos e os olhos do coração", de Leila Rentroia Iannone 20
Gramática – Sons e letras 24
Gramática – Classificação das palavras quanto ao número de sílabas 26

Unidade 2 30
Texto 1 – "Vovô conserta tudo", de Nye Ribeiro 30
Gramática – Sílaba tônica 34
Texto 2 – "A primavera endoideceu", de Sérgio Capparelli 38
Ortografia – Palavras com **lh** ou **li** 40
Gramática – Encontro consonantal 41

Unidade 3 43
Texto 1 – "Piada do Juquinha e a moeda de um real", de *Piadas* 43
Gramática – Dígrafo 45
Texto 2 – "As coisas que moram debaixo de meu travesseiro", de Gui Louback 48
Gramática – Encontro vocálico 50

Unidade 4 54
Texto 1 – "...Comprei aquilo, deu nisso...", de Alexandra Lopes e André Mota 54
Gramática – Letras **m** e **n** antes de consoante 58
Texto 2 – "Em números", de Ministério do Meio Ambiente 60
Gramática – Til (~) e cedilha (¸) 63
Pequeno cidadão – Ficção científica e invenções 65

Unidade 5 68
Texto 1 – "O burro carregado de sal e o burro carregado de esponjas", fábula de Esopo recontada pelos organizadores 68
Gramática – Acentuação gráfica 71
Pequeno cidadão – *Blog* 73
Texto 2 – "A força e a sabedoria", de Liu Ji 74

Gramática – Hífen 77

Unidade 6 80
Texto 1 – "CEB alerta sobre os perigos de soltar pipa perto de redes elétricas", de CEB Distribuição 80
Gramática – Sinais de pontuação 84
Texto 2 – "Pipa", de Gabriel Gonçalves Freire 90
Gramática – Frase 92
Ortografia – Palavras com **r** ou **rr** 95

Unidade 7 98
Texto 1 – "A lenda de como surgiu a voz do papagaio", de César Obeid 98
Gramática – Classificação dos substantivos – parte I 102
Pequeno cidadão – Pesquisa na internet ... 105
Texto 2 – "Danite e o leão", de Rogério Andrade Barbosa 106
Gramática – Classificação dos substantivos – parte II 109

Unidade 8 112
Texto 1 – "Mamulengo", de Lúcia Gaspar ... 112
Gramática – Formação dos substantivos 115
Texto 2 – Página de dicionário, *Dicionário escolar da língua portuguesa* 118
Ortografia – Palavras com **s** ou **ss** 120
Pequeno cidadão Ontem e hoje: as diferentes formas de comunicação 121

Unidade 9 124
Texto 1 – "Um urso branco em Nova York", de Jussara Braga 124
Gramática – Artigo 129
Texto 2 – "A Cidade Errada", de Erico Verissimo 132
Ortografia – Palavras com **l** ou **u** 134
Gramática – Gênero dos substantivos 135

Unidade 10 139
Texto 1 – "Mudanças", de Sandra Pina 139
Gramática – Mais sobre o gênero dos substantivos 143
Ortografia – Emprego de **am** e **ão** 145
Texto 2 – "Sou do contra", de Tatiana Belinky 147

Gramática – Plural dos substantivos.....150

Unidade 11 155
Texto 1 – "A raposa e o bode", de Guilherme Figueiredo.....155
Gramática – Plural dos substantivos compostos.....158
Texto 2 – "O galo", de Lygia Bojunga.....161
Gramática – Grau do substantivo.....165
Pequeno cidadão – Aplicativos.....168

Unidade 12 169
Texto 1 – "Filme *Divertida Mente*", de Rebeca Fuks.....169
Gramática – Adjetivo e locução adjetiva.....173
Texto 2 – "Timidez em excesso pode ser um transtorno?", de Simone Cunha.....176
Gramática – Grau do adjetivo.....180

Unidade 13 183
Texto 1 – "Amanda no país das vitaminas", de Leonardo Mendes Cardoso.....183
Pequeno cidadão – Vida saudável e tecnologia.....185
Gramática – Grau do adjetivo – Superlativo.....187
Texto 2 – "Salada de frutas", autoral.....191
Ortografia – Palavras com **g** ou **j**.....194
Gramática – Numeral.....195

Unidade 14 200
Texto 1 – "O Pequeno Príncipe", cartaz.....200
Gramática – Pronome e pronomes pessoais.....204
Texto 2 – "O Pequeno Príncipe", de Antoine de Saint-Exupéry.....208
Gramática – Pronomes demonstrativos, indefinidos, possessivos e relativos.....211

Unidade 15 216
Texto 1 – "O pastorzinho e o lobo", fábula de Esopo recontada pelos organizadores.....216
Gramática – Verbo.....219
Ortografia – Letra **x** com som de **cs**.....222
Texto 2 – "Robinson Crusoé (trecho)", de Daniel Defoe.....224
Saiba mais – A origem de Robinson Crusoé.....227
Gramática – Verbo – 1ª conjugação.....227

Unidade 16 232
Texto 1 – "ICMBio inaugura trilha para portadores de deficiência", de Marcelo Safadi.....232
Gramática – Verbo – 2ª conjugação.....236
Texto 2 – "Tira Armandinho", de Alexandre Beck.....240
Pequeno cidadão – Tecnologia e inclusão.....242
Gramática – Verbo – 3ª conjugação.....244

Unidade 17 249
Texto 1 – "O coelho e a festa dos animais com chifres", de Júlio Emílio Braz.....249
Gramática – Verbo **pôr** e outros verbos irregulares.....254
Texto 2 – "Um convite (sur)real", de Telma Guimarães.....257
Gramática – Oração – Sujeito e predicado.....259
Pequeno cidadão – Internet e rede solidária.....261

Unidade 18 264
Texto 1 – "Um dia na *tekoa*", de Jera Giselda Guarani.....264
Gramática – Advérbio.....268
Texto 2 – "Trabalho", de Daniel Munduruku.....270
Gramática – Preposição.....272

Unidade 19 276
Texto 1 – "Como separar", infográfico.....276
Gramática – Crase.....278
Texto 2 – "O atobá-marrom e o lixo", de Davi Castro Tavares.....281
Gramática – Objeto direto e objeto indireto.....285

Unidade 20 289
Texto 1 – *Leitura*, de Almeida Júnior.....289
Gramática – Conjunção.....291
Texto 2 – "Guerra de bombons", de Jonas Ribeiro.....293
Gramática – Interjeição.....296

Brinque mais 299

VAMOS BRINCAR

Trilha do 5º ano

1. Para esta brincadeira, são necessários dois jogadores.
2. O jogo é composto de:
- 12 cartas com desafios;
- um tabuleiro com 24 casas.
3. Para jogar, vocês vão precisar de:
- um dado;
- dois marcadores diferentes (podem ser, por exemplo, duas tampinhas).
4. O objetivo do jogo é chegar ao final da trilha resolvendo corretamente todos os desafios.

Como jogar

1. Antes de começar o jogo, recorte as cartas da **página 9** e ordene-as ao lado do tabuleiro, de acordo com a numeração.
2. Convide um colega para brincar.
3. Cada um lança o dado.
4. Quem tirar a maior pontuação no dado inicia a brincadeira.
5. O primeiro jogador deve lançar o dado e se movimentar pelo tabuleiro de acordo com a quantidade de pontos sorteada, utilizando seu marcador.
6. Se o jogador cair em uma casa numerada, deve observar a carta que corresponde a esse número e resolver o desafio apresentado. O colega deve concordar que a resposta está correta para o jogo prosseguir.

7. Nas casas não numeradas há algumas instruções:

> Jogue novamente.
>
> Avance 1 casa.
>
> Volte 1 casa.
>
> Fique uma rodada sem jogar.
>
> Volte para o início do jogo.
>
> Coloque o marcador na mesma casa do seu colega.

8. O jogo prossegue até um dos jogadores alcançar a casa CHEGADA.

Bom divertimento!

PARTIDA

1

JOGUE NOVAMENTE

2

FIQUE UMA RODADA SEM JOGAR

3

4

AVANCE 1 CASA

FIQUE UMA RODADA SEM JOGAR

5

VOLTE PARA O INÍCIO DO JOGO

6

JOGUE NOVAMENTE

1

Qual é? Qual é?

O plural de **giz**?

O coletivo de **abelha**?

O aumentativo de **casa**?

O feminino de **cavalo**?

2

É com S ou é com Z?

bra____a avi____o
nari____ empre____a
ro____eira bele____a
ajui____ado velo____

3

Em qual frase os verbos estão no pretérito?

Li muitas revistas no fim de semana.

Faremos uma comemoração para o seu aniversário.

Fizeste o que pedi?

Eu corro toda semana.

4

Qual é o sujeito de cada oração?

Dalton e eu fomos ao estádio.
Elas chegaram cedo à festa.
Cida é minha melhor amiga.
Se não chover, eu vou à praia.
Vocês gostam de bolo de aipim?

5

Em que grupo todas as palavras têm dígrafos?

Plantava, blusa, jardineiro, pai.
Nascimento, passagem, canhão, sonho.
Saguão, Paraguai, miado, aviador.
Violino, raiz, sonho, quiabo.

6

Encontre duas polissílabas.

café   lua
carnaval   anzol
relâmpago   raquete
leque   profissional

7

Qual é? Qual é?

O coletivo de **cães**.

O diminutivo de **praça**.

Um sinônimo de **amor**.

O comparativo de **pequeno**.

8

Qual é o intruso em cada grupo de palavras?

Entrevistou, correríamos, aderimos, abandonaste, beterraba, beberam.

Telefone, ventilador, copo, garrafa, borracha, velhice.

Pape, Amanda, Camila, Mariana, Ricardo, Walter.

9

Encontre sete substantivos.

As crianças podem mudar o mundo, porque são rápidas como os coelhos, enxergam com os olhos do gavião e voam espiritualmente com as asas das araras.

10

Qual é a classe gramatical das palavras destacadas?

Ana estudou muito; **portanto**, terá boa nota na prova. O céu está com muitas nuvens, **porém**, acho que não vai chover. Nós não gostamos do *show*; **entretanto**, muitos aplaudiram de pé. Você não apareceu **nem** avisou o pessoal! Se você for visitar mamãe, **também** irei.

11

Qual destes substantivos é comum de dois gêneros?

jovem
pessoa
mulher
baleia
bode
jacaré

12

Conjugue de acordo com as indicações.

Cantar, 2ª pessoa do singular do pretérito perfeito do indicativo.

Escrever, 3ª pessoa do singular do presente do subjuntivo.

Ir, 1ª pessoa do plural do pretérito mais-que-perfeito do indicativo.

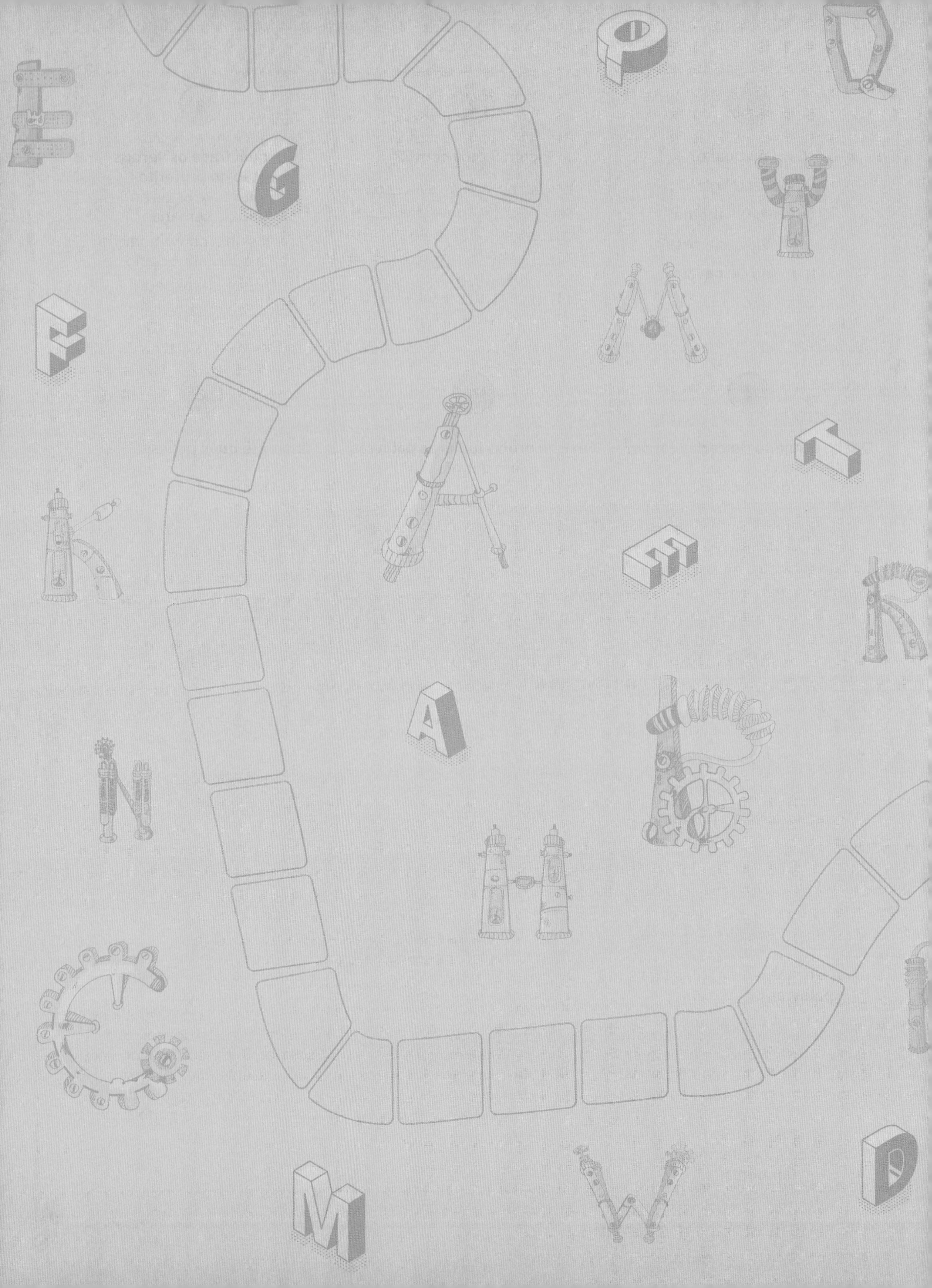

10 — COLOQUE O MARCADOR NA MESMA CASA DO SEU COLEGA

VOLTE PARA O INÍCIO DO JOGO

9

11 — AVANCE 1 CASA

VOLTE 1 CASA

8

12 — FIQUE UMA RODADA SEM JOGAR

7 — COLOQUE O MARCADOR NA MESMA CASA DO SEU COLEGA

CHEGADA

UNIDADE 1

TEXTO 1

Você lerá agora um relato pessoal. Você já leu algum texto como esse? Alguma vez você já escreveu um relato com suas percepções sobre um fato?

Leia o texto a seguir.

De olhos bem abertos

A mamãe fez uma receita dupla e, mesmo com todo aquele povo na festa do meu pai, ainda sobrou um bom pedaço. Logo que saí do banho, fui direto para a geladeira. Coloquei o bolo sobre a mesa e cortei um pedaço.

Dei a primeira mordida. Que delícia! Na segunda, senti uma dor horrível no dente. Empurrei o pedaço de bolo para o outro lado da boca. Com certeza ali não sentiria dor alguma. Na terceira dentada, ainda louca de vontade de comer o bolo inteiro, não percebi que um pedaço foi parar bem no dente doído.

Corri para o banheiro. Doce dor de dente, doce, amarga dor de dente...

Vai ver tinha uma **cárie**!

Achei melhor avisar a minha mãe. Já estava até vendo a cena:

– Vou ligar para a dentista e marcar um horário. Uma cárie, com certeza!

– Ela dizia tudo do jeito que eu imaginava.

Assim que desligou, me deu a boa notícia. O consultório da dentista estava lotado. Só poderia me atender na tarde seguinte.

– Nada de doces! – minha mãe disse.

[...]

Na manhã seguinte, fui para a escola. Estava muito brava, sabe? Não, não era só por causa da dor de dente. Toda vez que eu me olhava no espelho ficava brava. Tinha cabelo liso e fino demais. Precisava lavá-lo todos os dias. Por que meu cabelo não podia ser ondulado como o do meu irmão? Além disso, a cor do cabelo dele era mais bonita, bem loiro, do tipo desses meninos que aparecem nas revistas, nas novelas e nos filmes de tevê.

O meu, não. Parecia **cor-de-burro-quando-foge**, nem castanho nem loiro. Ficava no meio do caminho, isso sim, talvez para combinar com a cor dos meus olhos, nem castanhos nem pretos.

E o meu corpo, então? Pernas compridas demais, magras, finas feito dois canudos de refresco. Tenho até apelido na escola: "Vareta". Outra coisa: sou branca demais. Se tomo sol, fico como um camarão. Por mais que me lambuze de protetor solar, bronzeador e tome o sol da manhãzinha, viro um tomate.

[...]

Estava me arrumando para ir à dentista, quando ouvi minha mãe me chamar. Já tinha experimentado umas oito calças, quatro saias, seis camisetas e uns três pares de tênis, mas nada ficava bom. Já viu um cabo de vassoura com uma saia? Pois é. Sou eu.

[...]

Telma Guimarães Castro Andrade. *De olhos bem abertos*. São Paulo: Editora do Brasil, 2016. p. 6-8.

GLOSSÁRIO

Cárie: destruição dos dentes por ação de bactérias.

Cor-de-burro-quando-foge: expressão popular para cor sem definição.

BRINCANDO COM O TEXTO

1 Quem conta essa história é:

☐ um menino.

☐ uma menina.

2 Como você chegou à resposta da atividade 1?

_____
_____
_____

3 Releia o trecho abaixo e faça o que se pede.

Logo que saí do banho, fui direto para a geladeira. Coloquei o bolo sobre a mesa e cortei um pedaço. Dei a primeira mordida. Que delícia! Na segunda, senti uma dor horrível no dente.

a) Circule as formas verbais desse trecho.

b) Essas formas verbais estão:

☐ na 3ª pessoa do singular (ele/ela).

☐ na 1ª pessoa do singular (eu).

☐ na 2ª pessoa do plural (nós).

c) A história é contada na 1ª pessoa do _____.

4 Você conhece pessoas que, assim como Raquel, não gostam de partes do próprio corpo? Como elas lidam com isso?

_____
_____
_____
_____
_____

5 Numere os fatos na ordem em que acontecem na história.

☐ A personagem principal provou várias roupas para ir à dentista.

☐ A personagem principal sentiu dor de dente.

☐ A personagem principal foi para a escola.

☐ A mãe da personagem principal ligou para a dentista.

6 Você já foi ao dentista? Conte ao professor e aos colegas sua experiência.

7 Em sua opinião, os apelidos que as pessoas recebem por causa de suas características físicas são positivos ou negativos? Converse com o professor e os colegas.

8 Observe a linha do tempo e complete-a com os acontecimentos da história.

Dia da festa de aniversário do pai	Depois da festa	Na manhã seguinte à festa	Na tarde seguinte à festa
_____	_____	_____	_____

BRINCANDO COM O APRENDIZADO

1 Complete as frases com os pronomes pessoais oblíquos.

a) Eu _____ levantei tarde.

b) Tu _____ esqueces de tudo.

c) Ele _____ aborrece muito.

d) Nós _____ preocupamos com ele.

e) Ela _____ agarrou à árvore.

f) Eles _____ despediram chorando.

2 Reescreva as palavras a seguir no feminino plural.

a) O moço e o irmão. _____

b) Um homem agradável. _____

c) O genro e o filho. _____

d) O ator e o escritor. _____

3 Escolha e assinale com **X** a classificação adequada a cada substantivo.

a) Maria ☐ próprio ☐ comum

b) vice-diretor ☐ simples ☐ composto

c) covardia ☐ concreto ☐ abstrato

d) porta-malas ☐ simples ☐ composto

4 Complete com o substantivo próprio referente à palavra destacada. Veja o exemplo.

> Sou paulista porque nasci em São Paulo.

a) Sou **acriana** porque nasci no _____.

b) Sou **gaúcho** porque nasci no _____.

c) Sou **capixaba** porque nasci no _____.

A GRAMÁTICA

Sinônimo

Leia as frases e observe as palavras destacadas.

Antonella ficou **alegre** com o presente.
Antonella ficou **contente** com o presente.

> Sinônimos são palavras que têm **significado semelhante**.

As palavras **alegre** e **contente** são **sinônimos**.
Quando precisamos encontrar os sinônimos das palavras, pesquisamos no dicionário.

Antônimo

Agora observe as palavras destacadas nestas frases.
Antonella pedalou até o **início** da ciclovia.
Antonella pedalou até o **fim** da ciclovia.
A palavra **início** é o **antônimo** da palavra **fim**.

> Antônimos são palavras que têm **significado contrário**.

Homônimo

Observe as frases a seguir.
Patrícia sabe o **caminho** para o parque.
Eu **caminho** todos os dias.
A palavra **caminho**, nas duas frases acima, é um exemplo de **homônimo**.

> Homônimos são palavras que têm **forma igual ou quase igual**, mas **significados diferentes**.

ATIVIDADES

1 Ligue cada imagem da primeira coluna a sua antônima na segunda coluna.

Ilustrações: Erik Malagrino

2 Leia as frases, observe as palavras destacadas e classifique-as de acordo com os códigos.

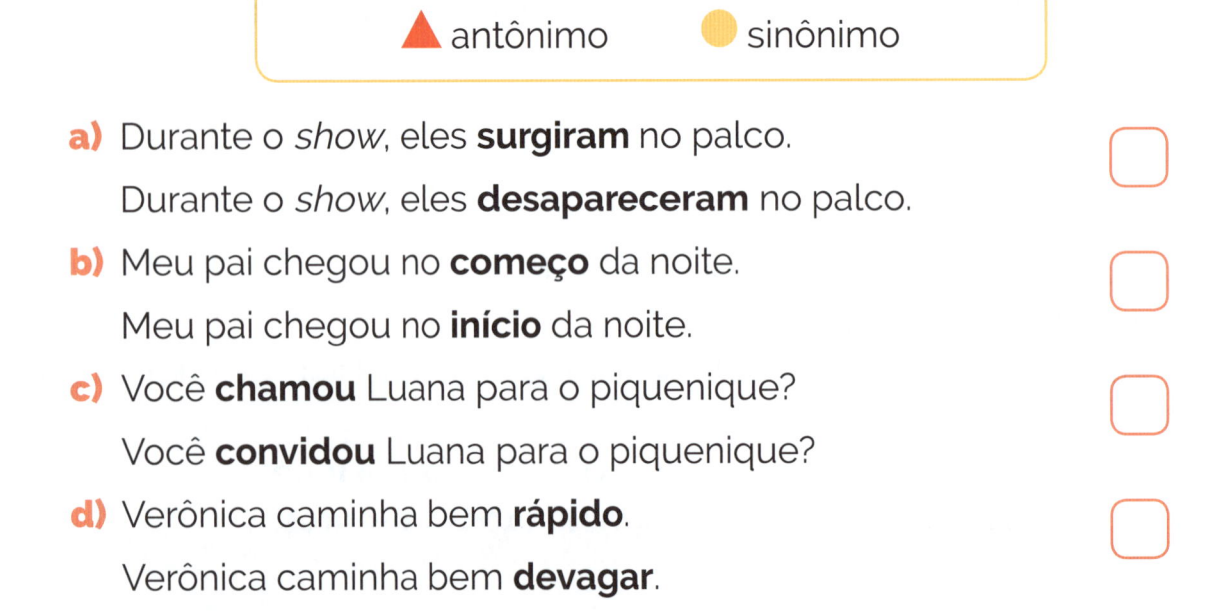

▲ antônimo   ● sinônimo

a) Durante o *show*, eles **surgiram** no palco.
Durante o *show*, eles **desapareceram** no palco.

b) Meu pai chegou no **começo** da noite.
Meu pai chegou no **início** da noite.

c) Você **chamou** Luana para o piquenique?
Você **convidou** Luana para o piquenique?

d) Verônica caminha bem **rápido**.
Verônica caminha bem **devagar**.

3 Leia as palavras do quadro e faça as atividades.

> casa   moradia   mal   tranquilo
> sujo   vazio   limpo   bem   saboroso   calmo
> cheio   corajosa   delicioso

a) Qual dessas palavras não tem sinônimo nem antônimo no quadro?
_____

b) Dê um antônimo e um sinônimo para essa palavra.
_____

c) Preencha a tabela a seguir com as palavras do quadro. Veja o modelo.

Palavra	Sinônimo	Antônimo
casa	moradia	

4 Use os pares de homônimos do quadro para completar as frases.

> manga/manga   sexta/cesta   cerra/serra   acento/assento

a) A _____ da camisa está descosturada.
   A _____ tirada do pé estava muito gostosa.

b) A palavra **ônibus** tem _____ circunflexo.
   Respeite o _____ preferencial.

c) A _____ de café da manhã chegou.
   Fiquei na _____ colocação.

TEXTO 2

Leia o título do texto. O que você acha que significa "olhos do coração"? Há diálogo entre os personagens?

Leia o texto a seguir.

Com a ponta dos dedos e os olhos do coração

[...]

A aula foi boa, com mil novidades de Matemática e Língua Portuguesa.

Não entendeu muito o **subjuntivo**, mas deixou de perguntar. De repente ficava vermelho e aí a turma ia cair na gozação. Marcou uma página do livro para estudar em casa.

Faltavam só dez minutos pra saída e Dona Lucinda não cobrara o cartaz.

Nando pediu licença e o entregou. A professora gostou do trabalho e disse em voz alta que melhor que o cartaz era o fato de ele ter sido responsável, entregando-o pontualmente, apesar de ela ter esquecido.

Nando ficou feliz por dentro.

[...]

Luzia deu uma piscadela para ele.

Será? Será mesmo que está piscando, pensava Nando meio confuso.

No fim da aula, Luzia veio descendo as escadas com ele.

– Gostei do seu cartaz.

– Foi?

– De verdade.

– Puxa, que legal. Eu tinha até mais figuras, mas não coloquei pra não ficar **empetecado**.

– Fez bem. Dona Lucinda sempre diz que cartaz tem que ser fácil de ver e entender.

– É...

Nando já não tinha mais assunto. Nem precisava. Tinha sido tão bom o elogio. O da professora e o de Luzia.

Disse um tchau meio apagado e foi saindo devagar.

Luzia ficou no pátio esperando o irmão do 6º ano.

Aí chegou a Lia, o Pescoço, o Tavão, o Cabeça...

– O que vocês estavam falando? Vai ficar amiga dele, vai? – Cabeça ria, debochava.

– Olha, Luzia, se vai ficar amiga dele é bom saber que acabou o papo com a gente. Lia comandava a turma.

– Calma, gente. Só elogiei o cartaz. Poxa, vocês não dão uma folga...

– É isso aí, o bebezão tem mais é que ficar sozinho.

– Mas por quê?

– Porque ele é chato, fica vermelho como um tomate e ainda por cima usa umas roupas cafonas. Dá até vergonha. E aquela cara de coruja?

– Ô gente...

– Você é quem sabe. Amiga dele ou nossa.

Saíram às risadas, comentando dos óculos, do tênis e não sei mais o quê...

[...]

Leila Rentroia Iannone. *Com a ponta dos dedos e os olhos do coração.* São Paulo: Editora do Brasil, 2005. p. 14-15.

GLOSSÁRIO

Empetecar: enfeitar exageradamente.
Subjuntivo: modo (categoria) verbal que expressa possibilidade, desejo, condição do falante.

BRINCANDO COM O TEXTO

1 Qual é o assunto do texto?

☐ Nando, um menino tímido, bom aluno, que é perturbado por alguns colegas da escola.

☐ Os colegas de escola de Nando, que o perturbam porque o acham cafona.

☐ Luzia, que gosta de Nando, mas tem vergonha que seus colegas saibam.

2 Quem conta a história?

☐ Nando.

☐ A professora.

☐ Um narrador que não participa da história.

3 Releia o segundo e o terceiro parágrafos do texto e responda: Qual poderia ser o tema do cartaz que Nando entregou à professora? Por quê?

_____
_____

4 Por que alguns colegas da escola perturbavam Nando?

_____
_____
_____
_____

5 Cite três qualidades que você percebeu em Nando.

_____
_____
_____
_____

6 Escolha dois colegas de sua turma e escreva três qualidades de cada um.

- Nome do colega ou da colega: _____

- Qualidades: _____

- Nome do colega ou da colega: _____

- Qualidades: _____

Leia para a turma o nome dos colegas e suas qualidades.

7 Leia mais este trecho da história para responder à questão abaixo.

Nando chegou assobiando.
Encontrou duas salsichas no forno e salada na geladeira. A mãe acordara mais cedo e deixara o almoço. Naquele dia podia comer até pedregulho. Puxa, tinha sido um dia e tanto! Era capaz até de aprender subjuntivo sozinho.
[...]

Leila Rentroia Iannone. *Com a ponta dos dedos e os olhos do coração.*
São Paulo: Editora do Brasil, 2005. p. 16.

- Por que Nando chegou tão feliz em casa? O que aconteceu na escola para deixá-lo assim?

GRAMÁTICA

Sons e letras

Em nosso dia a dia, usamos diferentes formas de comunicação:
- para falar, usamos sons;
- para escrever, usamos letras.

Fale a palavra **goiaba**.

Quando falamos essa palavra, ouvimos seis sons (**fonemas**). E quando a escrevemos, usamos seis letras.

Agora diga a palavra **pitanga**.

Quando dizemos essa palavra, ouvimos seis sons (fonemas). Porém, quando a escrevemos, usamos sete letras, porque o conjunto **an** representa um só fonema.

O **fonema** é o som. A **letra** é a representação gráfica do fonema.

ATIVIDADES

1 Leia as palavras do quadro.

> gol   hospital   menina   churrasco   dentro

- Agora, preencha o quadro. Veja o exemplo.

Palavra	Letras	Fonemas
	3	3
	6	5
menina	6	6
	8	7
	9	7

2) Escreva o nome das imagens. Depois complete o quadro.

a)
_____
Letras: _____
Fonemas: _____

c)
_____
Letras: _____
Fonemas: _____

e)
_____
Letras: _____
Fonemas: _____

b)
_____
Letras: _____
Fonemas: _____

d)
_____
Letras: _____
Fonemas: _____

f)
_____
Letras: _____
Fonemas: _____

3) Escreva **V** se o número de letras e fonemas das palavras a seguir for verdadeiro e **F** se for falso. Se for falso, escreva os números corretos.

☐ chapéu ⟶ 6 letras, 4 fonemas _____

☐ carro ⟶ 5 letras, 4 fonemas _____

☐ bola ⟶ 4 letras, 4 fonemas _____

☐ chuveiro ⟶ 7 letras, 8 fonemas _____

GRAMÁTICA

Classificação das palavras quanto ao número de sílabas

Leia estas palavras e observe-as.

- **mel** → 1 sílaba
- **bo-la** → 2 sílabas
- **ca-dei-ra** → 3 sílabas
- **te-le-fo-ne** → 4 sílabas

Conforme o número de sílabas, as palavras são classificadas em: **monossílabas**, **dissílabas**, **trissílabas** ou **polissílabas**.

> **Monossílabas** são palavras de **uma** só sílaba. Exemplos: pé, sol.
> **Dissílabas** são palavras de **duas** sílabas. Exemplos: ar-roz, bo-ta.
> **Trissílabas** são palavras de **três** sílabas. Exemplos: es-co-la, me-ni-na.
> **Polissílabas** são palavras de **quatro ou mais** sílabas. Exemplos: au-to-mó-vel, ve-ra-ci-da-de.

ATIVIDADES

1 Classifique as palavras quanto ao número de sílabas usando a indicação a seguir.

① monossílaba ② dissílaba ③ trissílaba ④ polissílaba

- ☐ mariposa
- ☐ bule
- ☐ mola
- ☐ mãe
- ☐ alicate
- ☐ voz
- ☐ bengala
- ☐ fogueira

2 Escreva seu nome, divida-o em sílabas e classifique-o quanto ao número de sílabas.

_____

3 Escreva as sílabas das palavras nos quadradinhos e classifique-as em monossílabas, dissílabas, trissílabas ou polissílabas.

trabalho   boi   exclusivo   disco

a) ☐ ☐ ☐ ☐ _____

b) ☐ _____

c) ☐ ☐ ☐ _____

d) ☐ ☐ _____

4 Escreva duas palavras dissílabas que sejam nomes de:

a) objetos escolares; _____

b) roupas; _____

c) países; _____

d) capitais brasileiras; _____

e) brinquedos; _____

f) pessoas. _____

BRINCANDO COM A CRIATIVIDADE

Cartaz

Que tal produzir um cartaz sobre o respeito às diferenças? Para isso, siga as orientações.

Planejar e produzir

1. Forme dupla com um colega.
2. Conversem sobre como vocês abordarão o assunto no cartaz.

3. Vocês farão o cartaz numa cartolina. Pensem no que escreverão: título e texto.
4. Recortem de revistas e jornais imagens que representem o tema para serem coladas na cartolina.

Vocês também podem fazer desenhos e pintá-los com lápis de cor, canetas, tintas guache, aquarela etc.

5. Planejem a distribuição dos elementos do cartaz:
- título;
- texto;
- imagens.

Revisar e editar

1. Verifiquem se o título está legível e se as imagens escolhidas realmente ajudam a compor a mensagem do cartaz.
2. Peçam ao professor que revise o texto do cartaz e façam as correções solicitadas.

Compartilhar

1. Na data determinada pelo professor, vocês apresentarão o cartaz e organizarão uma exposição para os demais alunos da escola.

ORALIDADE

Conversação espontânea

1. Façam uma roda para conversar sobre o tema "*Bullying*".
2. O professor poderá fazer algumas perguntas à turma, como as sugeridas a seguir, para iniciar a conversa.
   - Você sabe o que significa o termo **bullying**?
   - Você acha correto alguém ser tratado dessa maneira – como o personagem do Texto 2?
   - Imagine que você estuda na turma de Nando e Luzia. Qual seria a melhor forma de ajudar a resolver a situação?

Outras perguntas, reflexões, depoimentos e comentários surgirão na roda de conversa. Aproveite para conversar sobre eles e ouvir seus colegas com atenção.

BRINCANDO

1 Pinte apenas as letras do alfabeto e descubra a imagem escondida.

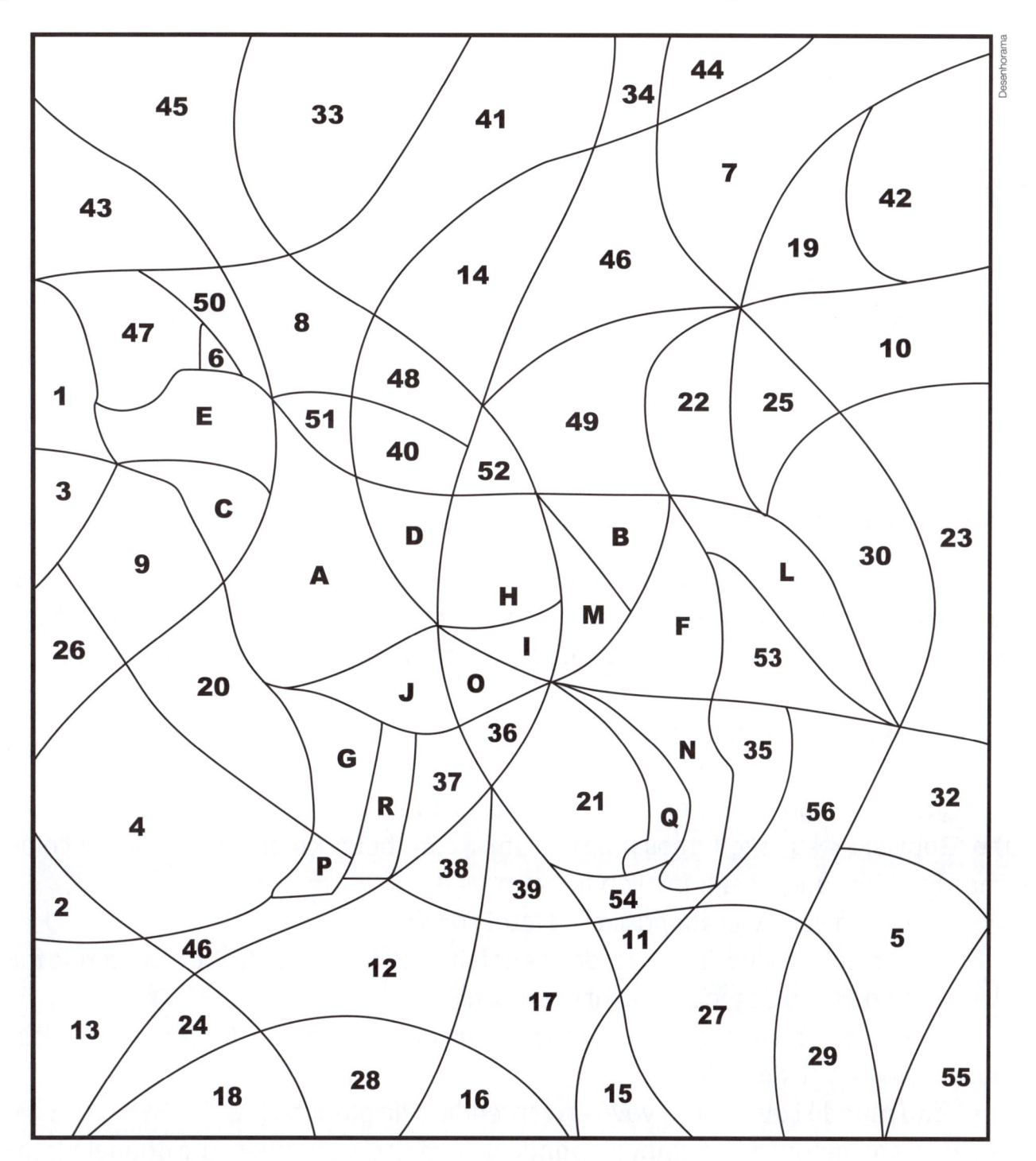

■ Dê um nome para o ser que você descobriu.

UNIDADE 2

TEXTO 1

Você lerá agora uma narrativa. O que você sabe sobre esse tipo de texto?

Observe o texto e cite um personagem da história.

Leia o texto a seguir.

Vovô conserta tudo

Vovô Luís tinha um jeito diferente de ver as coisas. Quando todo mundo achava que já estava na hora de jogar fora: a panela de cabo solto, o ferro que não funcionava mais, a torneira velha, o chuveiro, a enceradeira... e comprar tudo de novo. O vovô dizia:

– Dá aqui que eu conserto.

E consertava mesmo!

Quando chegou perto do Natal, mamãe comprou um pinheirinho do meu tamanho. Gabriela e eu enfeitamos o pinheirinho com bolas coloridas e o papai colocou umas luzinhas que acendiam e apagavam.

O vovô e a vovó vieram passar o Natal conosco.

Alguns dias depois, tiramos todos os enfeites da árvore de Natal e a mamãe falou:

– Está na hora de jogar essa árvore fora.

– Ah, não! – disse o vovô. – Vamos cuidar do pinheirinho. Quem sabe ele ainda estará vivo no próximo Natal.

Todo mundo sabia que o vovô era entendido de plantas. [...]

Por isso, ninguém estranhou quando o vovô tirou o pinheirinho daquela lata e o plantou num vaso maior. Colocou um pouco de areia no fundo, uma terra bem fofinha e um pouco de adubo.

– Agora, precisamos regá-lo todos os dias.

Quando chegou o inverno, o pinheirinho ficou feio. Parecia até que ia morrer. Liguei para o vovô e contei para ele.

– Não se preocupe, Bruno. No inverno, as plantas costumam ficar feias mesmo. Mas, depois, vem a primavera e elas ficam felizes de novo. É só continuar cuidando bem dele.

Passou o inverno, veio a primavera e em cada galho do pinheirinho nasceu uma porção de folhinhas novas.

– Olha! Nosso pinheirinho está vivo. Até o Natal ele vai ficar lindo de novo!

[...]

Nye Ribeiro. *Vovô conserta tudo*.
São Paulo: Editora do Brasil,
2006. p. 4, 7-8 e 10-12.

BRINCANDO COM O TEXTO

1 Quem narra a história? Em quais parágrafos é possível perceber isso?

2 Além do narrador, quem mais aparece na história?

3 Como a família se organizou para arrumar a árvore de Natal? Quem fez o quê?
_____
_____

4 Quem foi passar o Natal na casa de Bruno?
_____

5 Segundo o narrador, por que o vovô Luís "tinha um jeito diferente de ver as coisas"?
_____
_____

6 Qual foi a reação do avô quando a mãe decidiu o que faria com o pinheirinho após o Natal?
_____
_____

7 Que tal pesquisar a origem de sua família? Converse com a pessoa mais velha da família com quem você tiver contato e anote as respostas. Pergunte de qual estado brasileiro ou país ela veio. Faça perguntas também sobre os pais e avós dela: de onde eles vieram, se trabalhavam no campo ou na cidade e qual era a profissão deles. Por fim, pergunte se ela guarda fotografias daquela época. Se for possível, traga-as para a sala de aula a fim de mostrá-las aos colegas.
_____
_____
_____
_____
_____
_____

ATIVIDADES

1 Relacione corretamente.

> (A) ditongo (B) hiato (C) encontro consonantal (D) tritongo (E) dígrafo

☐ f**ie**l ☐ **tr**azer ☐ cari**nh**o ☐ averig**uei**

☐ q**uai**s ☐ m**io**lo ☐ bu**rr**o ☐ cad**ei**ra

2 Forme famílias de palavras, como no exemplo.

> banana – bananeira/bananada

a) carta _____

b) borracha _____

c) agulha _____

d) barraca _____

e) flor _____

3 Escreva o que se pede.

a) um aluno (destaque o artigo e o classifique) _____

b) livraria (primitivo correspondente) _____

c) lampada (acentue e dê o nome do acento gráfico) _____

d) rapaz (aumentativo e diminutivo) _____

e) inteligente (superlativo absoluto) _____

4 Circule o verbo das frases e escreva-o no pretérito.

a) Eu farei as pipas. _____

b) Tu trabalhas no escritório. _____

c) Você brincará no quintal. _____

d) Eles correm no parque. _____

e) Ana Maria e eu iremos à escola. _____

GRAMÁTICA

Sílaba tônica

Nas palavras com mais de uma sílaba sempre há uma pronunciada com mais força. É a **sílaba tônica**. Observe as palavras a seguir.

on-ça   ca-**qui**   **ár**-vo-re

As sílabas de uma palavra são contadas do fim para o começo:

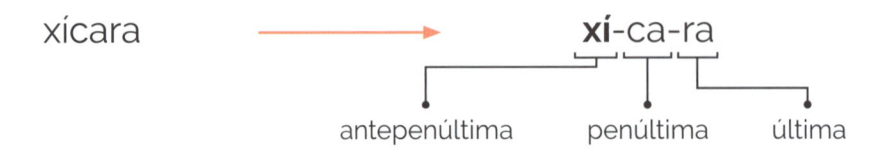

xícara → **xí**-ca-ra

antepenúltima   penúltima   última

Quanto à posição da sílaba tônica, as palavras podem ser classificadas em três categorias.

> **Oxítonas**: quando a sílaba tônica for a última.
> Exemplos: café, cristal, paletó, Belém.
> **Paroxítonas**: quando a sílaba tônica for a penúltima.
> Exemplos: álbum, livro, camelo, saúde.
> **Proparoxítonas**: quando a sílaba tônica for a antepenúltima.
> Exemplos: lágrima, México, último, pêssego.

Todas as palavras proparoxítonas recebem acento gráfico.

ATIVIDADES

1 Classifique as palavras quanto à posição da sílaba tônica usando a indicação a seguir.

> ① oxítona ② paroxítona ③ proparoxítona

- [ ] estômago
- [ ] planeta
- [ ] satélite
- [ ] costurar
- [ ] encontre
- [ ] vendedor

2 Circule as palavras proparoxítonas nas frases a seguir.

a) A anêmona vive no oceano.

b) Os gráficos aparecem no livro de Física.

c) Débora teve muitas dúvidas.

d) Ângela é a próxima da fila.

3 Separe as palavras em sílabas e circule a sílaba tônica.

a) página _____

b) beleza _____

c) desenhar _____

d) professora _____

e) abacaxi _____

f) garoto _____

4 Classifique as palavras da atividade anterior conforme a posição da sílaba tônica.

Palavra	Classificação	Palavra	Classificação
página		professora	
beleza		abacaxi	
desenhar		garoto	

5 Pinte as imagens que tenham nomes classificados como paroxítonos. Depois, escreva o nome de todas elas.

a) _____

d) _____

b) _____

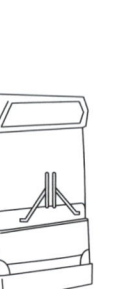

e) _____

c) _____

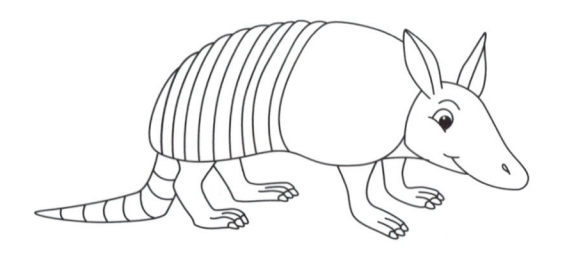

f) _____

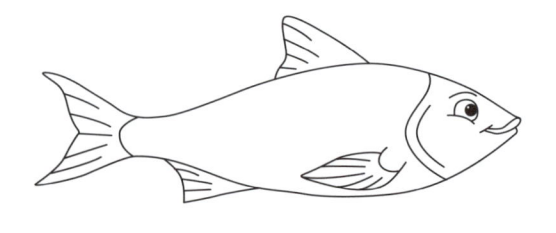

BRINCANDO COM A CRIATIVIDADE

História compartilhada

Observe a fotografia e faça o que se pede.

Planejar e produzir

1. Pense em uma história para essa imagem.
2. Em uma folha de papel à parte, escreva o início da história, em um parágrafo.
3. Entregue sua folha a um colega para que ele continue a história, enquanto você termina a dele. **Dica**: preste atenção à primeira parte da história, para que a continuação tenha sentido.

Reler, revisar e editar

1. Ao receber o texto de volta, releia-o todo e veja se há coerência nele. Caso contrário, devolva-o ao colega e peça a ele que faça as revisões necessárias.

Compartilhar

1. Leia o texto final em voz alta para toda a turma. Aproveite para comentar se a história terminou como você esperava ou se você foi surpreendido por seu colega.

BRINCANDO

1. Faça um desenho de sua família e mostre-o aos colegas.

TEXTO 2

Há a imagem de uma flor no texto. De que modo essa flor é formada? Qual é o nome do gênero a que pertence esse texto, que une texto a formas? Leia o texto a seguir.

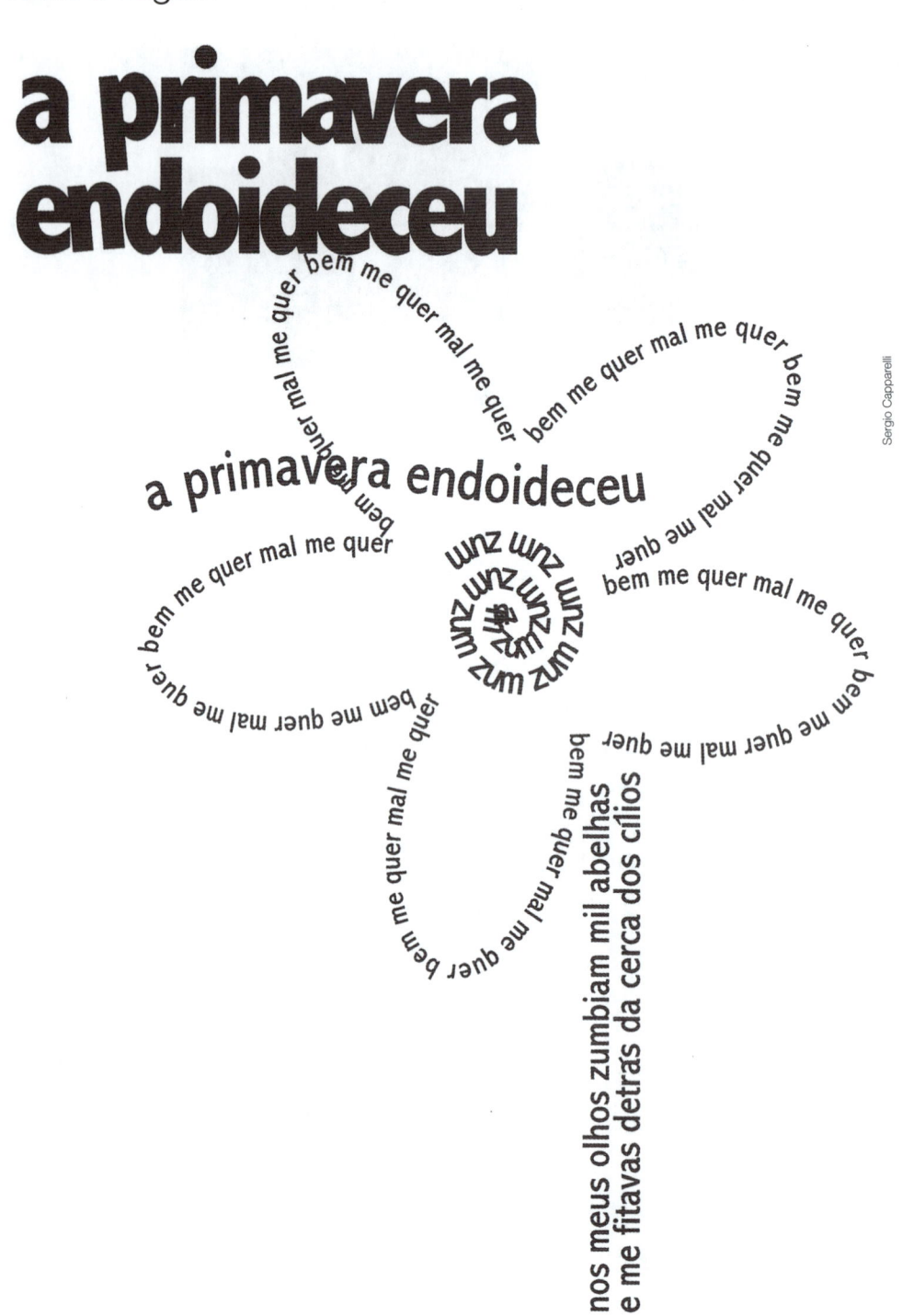

a primavera endoideceu

bem me quer mal me quer
bem me quer mal me quer
bem me quer mal me quer
a primavera endoideceu
bem me quer mal me quer
bem me quer mal me quer
zum zum zum zum zum zum
bem me quer mal me quer
bem me quer mal me quer
nos meus olhos zumbiam mil abelhas
e me fitavas detrás da cerca dos cílios

Sérgio Capparelli

Sérgio Capparelli. *111 poemas para crianças*. Porto Alegre: L&PM, 2003. p. 122.

BRINCANDO COM O TEXTO

1 Observe as palavras que compõem o miolo da flor. O que elas representam?
___
___

2 A expressão "Bem me quer mal me quer", usada para compor as pétalas da flor, refere-se a quê?
___
___

3 Por que a expressão compõe as pétalas da flor?
___
___

4 Se esse poema for apenas ouvido, sua compreensão será comprometida? Justifique sua resposta.
___
___
___
___

5 Leia o verbete a seguir.

> **fi·tar**
> **1.** Fixar a vista em.

Fitar. In: *Dicionário Priberam da Língua Portuguesa* [*on-line*], 2008-2020.
Disponível em: https://dicionario.priberam.org/fitar. Acesso em: 5 maio 2020.

De acordo com a definição, o que significa o trecho "me fitavas detrás da cerca dos cílios"?
___
___

ORTOGRAFIA

Palavras com lh ou li

1 Separe as palavras em duas colunas de acordo com a escrita: **lh** ou **li**.

a) carti ⭐ a
b) utensí ⭐ o
c) esco ⭐ ida
d) joe ⭐ o
e) ore ⭐ a
f) auxí ⭐ o
g) famí ⭐ a
h) baru ⭐ o
i) mobí ⭐ a

lh	li

2 Ordene as sílabas e escreva as palavras.

a) lhei co ta _____

b) lho ju _____

c) ço lu so _____

d) lho re pa a _____

3 Escreva o nome das imagens.

a) _____

b) _____

c) _____

GRAMÁTICA

Encontro consonantal

Observe as duplas de consoantes abaixo.

| br | dr | bl | gl | cr | gr | tr |
| pl | fl | fr | vr | tl | cl | pr |

Quando, em uma palavra, duas consoantes aparecem em sequência, sem vogais entre elas, temos um **encontro consonantal**.

O encontro consonantal pode acontecer:
- na mesma sílaba: **gri**-lo;
- em sílabas diferentes: ca**r**-**t**a.

Atenção: se no encontro consonantal a segunda consoante for **l** ou **r**, as consoantes nunca devem ser separadas. Exemplos: ci**cl**o, **br**isa.

ATIVIDADES

1 Complete as palavras com a letra que falta.

a) ped ___ a
b) p ___ imário
c) p ___ anta
d) p ___ eu
e) p ___ ato
f) c ___ ise
g) at ___ eta
h) encont ___ o
i) palav ___ a

2 Circule os encontros consonantais e separe as palavras em sílabas.

a) flauta

b) sobra

c) magro

d) cacto

e) admirável

f) digno

3 Cada encontro tem um símbolo. Substitua-o pelo encontro consonantal correspondente e escreva as palavras formadas.

- fl = 🪁
- fr = 🥁
- gr = 🎈
- pl = 🤖

a) 🎈udar

b) in 🥁ação

c) 🪁oresta

d) 🤖umagem

e) in 🎈ato

f) 🥁ota

4 Escreva três palavras com cada encontro consonantal a seguir.

a) gr _____

b) bl _____

c) gl _____

d) dr _____

e) cl _____

f) fl _____

BRINCANDO COM A CRIATIVIDADE

Narrativa

Observe novamente a imagem da flor do Texto 2, na página 38.

Planejar e produzir

1. Conte a história da flor. Dê nome a ela e fale sobre sua vida. Pense nos personagens com os quais ela convive.
2. Não se esqueça de dar um título à sua história.

Reler, revisar e editar

1. Releia o texto e veja se a história está coerente e se há algo a ser revisto. Faça as correções necessárias.

Compartilhar

1. Participe de um amigo-oculto (ou amigo-secreto) com a turma. Cada aluno sorteará um colega da classe. O presente para o amigo sorteado será sua história sobre a flor. Você pode, inclusive, fazer um desenho que represente a história. Então, capriche!

UNIDADE 3

TEXTO 1

Você gosta de ouvir e contar anedotas?

Você já ouviu alguma anedota com o personagem Juquinha?

Leia este texto.

Piada do Juquinha e a moeda de um real

Juquinha estava chorando muito, quando seu avô, não aguentando mais aquele chororô, perguntou:

– Por que você está chorando, Juquinha?

– Eu perdi uma moeda de 1 real que ganhei do meu pai.

– Toma lá 1 real. Pronto, nada de choro. Resolvido.

Pouco depois o Juquinha voltou a chorar.

– Que é isso, Juquinha? Será que perdeu o real que te dei? – pergunta o avô.

– Não vovô. Tá aqui!

– Então, por que está chorando de novo?

– É que se eu não tivesse perdido o que o papai me deu, eu teria 2 reais agora!

Piadas. [S. l.], 3 mar. 2014. Disponível em: www.piadas.com.br/piadas/piadas-para-criancas/piada-do-juquinha-e-moeda-de-um-real. Acesso em: 5 maio 2020.

BRINCANDO COM O TEXTO

1 Qual é o principal objetivo do texto?

☐ Defender uma ideia.

☐ Contar uma história com uma moral.

☐ Informar o leitor sobre acontecimentos recentes.

☐ Fazer o leitor rir.

2 Que personagens participam da história contada na anedota?

_____

_____

3 Releia o seguinte fragmento do texto:

"não aguentando mais aquele **chororô**"
Assinale com um **X** os sinônimos do termo destacado.

☐ barulho   ☐ choradeira

☐ choro   ☐ reclamação

☐ lamentação   ☐ chilique

4 É comum nas anedotas a presença de diálogos. Responda:

a) Há diálogos no texto que você leu?

_____

b) Se sim, como esses diálogos são sinalizados?

_____

_____

5 A pessoa que narra a história é:

☐ alguém que participa da história.

☐ alguém que somente observa a história.

GRAMÁTICA

Dígrafo

Leia as palavras e observe as letras destacadas.

cami**nh**ão   ca**rr**o

As letras destacadas nas palavras **caminhão** e **carro** são **dígrafos**. Dígrafo é a união de duas letras que indicam um só som, um só fonema.

Repare que na palavra **carro** há cinco letras e apenas quatro fonemas (ou sons), porque no dígrafo duas letras formam um único som.

Observe estes dígrafos: **ch** (chave); **gu** (guia); **ss** (pressa); **lh** (brilho); **qu** (queijo); **sc** (descida); **nh** (ninho); **rr** (arrepio); **sç** (cresça); **xc** (exceção).

Os encontros **qu** e **gu** somente são dígrafos quando a letra **u** não é pronunciada. Exemplos: **qu**ebra, **gu**erra.

Quando a letra **u** é pronunciada, não há dígrafo. Exemplos: **qu**atro, **qu**ase.

ATIVIDADES

1 Sublinhe os dígrafos das palavras a seguir.

a) folha
b) ganhar
c) ferradura
d) forró
e) excesso
f) ninho
g) nascer
h) águia

2 Circule os dígrafos das palavras e separe-as em sílabas.

a) piscina

_____

b) cheque

_____

c) preguiça

_____

d) arranhar

_____

3 Leia as palavras e escreva quantas letras e quantos fonemas elas têm. Veja o exemplo.

	Número de letras	Número de fonemas
guitarra	8	6
a) sonho		
b) hélice		
c) táxi		
d) quadrado		

4 Junte as sílabas da mesma cor para formar palavras. Depois, circule os dígrafos.

cres	si	ça	ta	car
cen	ro	cer	na	as
ra	ris	tu	so	as

_____
_____

5 Leia as palavras do quadro e circule as que não têm dígrafo.

> guardanapo   quiosque   cheiro   aquoso
> pessoa   quanto   guerreiro   arrumar

6 Por que as palavras que você circulou na atividade anterior não têm dígrafo?

_____
_____
_____
_____

BRINCANDO COM A CRIATIVIDADE

História em quadrinhos (HQ)

Como será que o diálogo entre Juquinha e o avô, do Texto 1, continua? Observe a HQ que continua a história e complete o diálogo entre eles. Siga as orientações.

Planejar e produzir

1. No primeiro quadrinho, Juquinha está sentado chorando e o avô está em pé próximo a ele.
2. No segundo quadrinho, escreva o que o avô pode ter dito a Juquinha e o que ele respondeu.
3. No terceiro quadrinho, escreva como a história se encerra.

Reler, revisar e editar

1. Releia as falas dos personagens e observe se estão de acordo com as imagens em cada quadrinho. Edite o que for necessário para criar uma HQ coerente.

Compartilhar

1. Forme dupla com um colega. Após lerem suas versões da HQ um para o outro, comparem as diferenças e semelhanças entre elas.

TEXTO 2

Você lerá agora um poema. Leia o título dele. O que você espera encontrar no texto?

Leia o texto abaixo.

As coisas que moram debaixo de meu travesseiro

As pernas do Lego Batman
A migalha do pão matinal
Tem ursinho, tem naninha
Tem um pedaço de quebra-cabeça

Já achei minha carteira
Já perdi meu chaveiro
Mas você sempre porta consigo
Todas as coisas para debaixo do meu travesseiro

Teve dia que foi lápis de cor
Um caderno, um livro de colorir
Uma meia, um canudo
Tudo tudo que possa sumir

Já perdi de tudo um pouco
Já achei tudo de novo
Mas você sempre porta consigo
Todas as coisas para debaixo do meu travesseiro

Gui Louback. *Minicontos*. [S. l.], 30 mar. 2020. Disponível em: https://minicontos.me/as-coisas-que-moram-debaixo-de-meu-travesseiro-d5cf643cc1ab. Acesso em: 30 jun. 2020.

BRINCANDO COM O TEXTO

1 O poema aborda qual assunto?

☐ Os objetos do narrador.

☐ A disposição dos objetos no quarto do narrador.

☐ Os objetos perdidos e encontrados pelo narrador.

2 Há alguma semelhança entre o personagem do Texto 1 e o do Texto 2? Qual?

_____

3 Nos textos escritos em versos, é comum o uso do recurso da rima. Cite dois exemplos de rima encontrados no texto.

_____

4 Escreva as palavras a seguir no grupo a que pertencem.

> pernas do Batman   migalha do pão   quebra-cabeça
> ursinho   lápis de cor   caderno   canudo

Comida e seus utensílios	Brinquedo	Papelaria
_____	_____	_____
_____	_____	_____
_____	_____	_____

5 Por que o eu lírico usou o verbo **morar** no título do texto para se referir aos objetos encontrados debaixo do próprio travesseiro?

_____

_____

GRAMÁTICA

Encontro vocálico

Leia as palavras e observe as letras destacadas.

iate   lim**ão**   g**ai**ta

As letras destacadas nessas palavras são **encontros vocálicos**.

Em um encontro vocálico, as vogais **i** e **u** são pronunciadas com menos intensidade do que a outra vogal que a acompanha. Essa vogal mais fraca é chamada de **semivogal**.

> **Encontro vocálico** é o encontro de duas vogais ou de uma vogal e uma ou duas semivogais.

Repare: na palavra **iate** a letra **i** tem a mesma intensidade que a letra **a**, enquanto em **gaita** o **i** é mais fraco do que o **a**, formando com esta letra uma única sílaba. Portanto, em uma palavra a letra **i** é vogal e na outra é semivogal.

Preste muita atenção ao tentar distinguir quando essas letras são vogais ou semivogais. Observe:

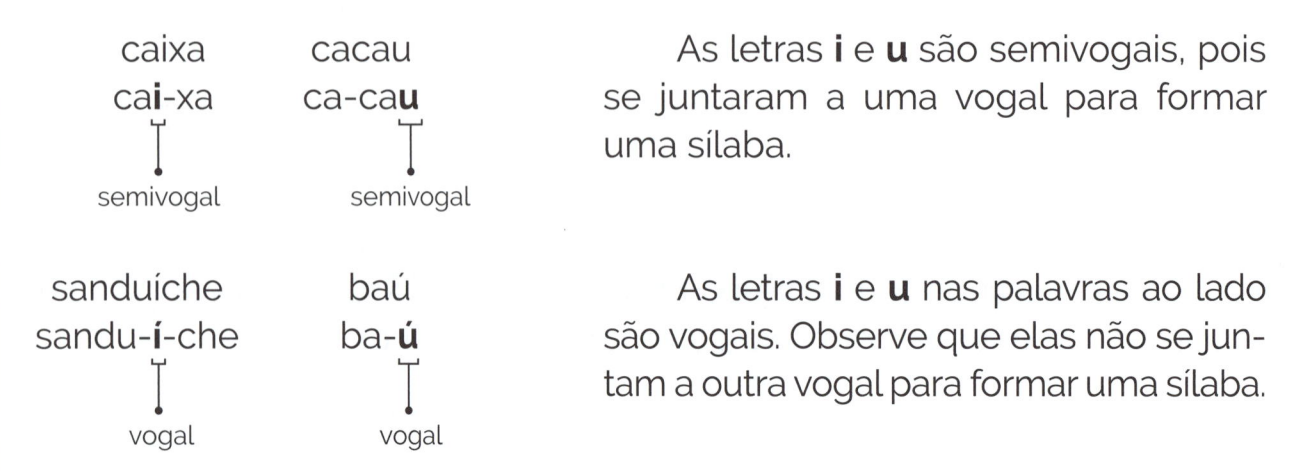

caixa   cacau
ca**i**-xa   ca-ca**u**
   | |
semivogal   semivogal

As letras **i** e **u** são semivogais, pois se juntaram a uma vogal para formar uma sílaba.

sanduíche   baú
sandu-**í**-che   ba-**ú**
   | |
 vogal   vogal

As letras **i** e **u** nas palavras ao lado são vogais. Observe que elas não se juntam a outra vogal para formar uma sílaba.

Há três tipos de encontros vocálicos: **hiatos, ditongos** e **tritongos**.

> **Hiato** é o encontro de duas vogais pronunciadas separadamente, formando sílabas diferentes.

Exemplos: r**u**-**í**na, sa-**ú**-de, d**o**-**e**r.
vogal vogal vogal vogal vogal vogal

> **Ditongo** é o encontro de uma vogal e uma semivogal ou de uma semivogal e uma vogal, formando uma única sílaba.

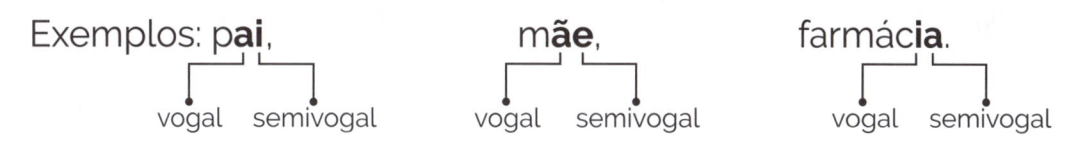

Exemplos: p**ai**, m**ãe**, farmác**ia**.
vogal semivogal vogal semivogal vogal semivogal

O ditongo pode ser **nasal** ou **oral**.
No ditongo **nasal**, o som sai pelo nariz. Exemplos: mão, pão, mãe.
No ditongo **oral**, o som sai pela boca. Exemplos: p**ai**, fogar**éu**, bacalh**au**, l**ei**to.

> **Tritongo** é o encontro de uma semivogal, uma vogal e outra semivogal, todas formando uma só sílaba.

Exemplos: g**uai**curu, Urug**uai**.
As sílabas das palavras com tritongo separam-se assim:

g**uai**-cu-ru, U-ru-g**uai**.
semivogal vogal semivogal semivogal vogal semivogal

ATIVIDADES

1 Circule os ditongos.

a) leite
b) oito
c) baixa
d) peixe
e) manteiga
f) herói
g) paixão
h) pião

2 Marque **O** para os ditongos orais e **N** para os ditongos nasais.

☐ tesouro   ☐ vão   ☐ deixar   ☐ capitães

☐ anão   ☐ mamãe   ☐ meigo   ☐ afoito

3 Escreva as palavras substituindo os símbolos pelos ditongos.

▲ = ou   ● = ei   ★ = ai   ◆ = ão   ▼ = ãe

a) bebed▲ro _____   d) cant●ro _____
b) pap★ _____   e) f★xa _____
c) mam▼ _____   f) ch◆ _____

4 Pinte as semivogais nas palavras a seguir.

a) c a i
b) t o u r o
c) b a n d e i r a
d) p a s t é i s
e) á g u a
f) s a l ã o

5 Sublinhe os hiatos nas palavras a seguir.

a) criança   c) poeta   e) luar   g) coroar
b) alaúde   d) rainha   f) ruim   h) hiato

6 Assinale o encontro vocálico de cada palavra a seguir.

Palavra	Ditongo	Hiato	Tritongo
a) her**oí**na			
b) n**oi**te			
c) sag**uão**			

BRINCANDO

1 Observe as figuras abaixo. Pinte as duas que são iguais.

UNIDADE 4

TEXTO 1

Leia o título do texto e responda: Qual parece ser o assunto tratado? Você já comprou algo e se arrependeu depois?

...Comprei aquilo, deu nisso...

[...]

Minha última aquisição tinha sido um binóculo muito equipado.

Ele vinha com: limpador de para-brisa (em caso de chuva), luzes para quando fosse usado à noite, espelhos laterais e um guarda-sol bem grande, com ótima sombra.

Mas, o mais importante, é que ele se prendia à minha cabeça e eu não precisava usar as mãos para segurá-lo.

O único problema era o seu peso, mas eu estava conseguindo andar com ele tranquilamente...

Comprei esse binóculo para assistir ao campeonato de *skate*, onde minha amiga (e quase namorada) Simone, iria competir.

Eu não estava entendendo muito bem por que as pessoas olhavam tanto para mim; por isso, resolvi sentar no último degrau da arquibancada.

O dia estava lindo e eu abri o guarda-sol para me proteger.

Logo, algumas pessoas resolveram ficar embaixo dele e aproveitar da sombra.

No começo, não achei nada demais, só que, com o passar do tempo, a arquibancada foi lotando e eu fui sendo espremido.

Enfim, o alto-falante começou a anunciar os competidores da prova.

Todos aplaudiam muito, mas eu não conseguia enxergar nada além de um nariz.

Descobri que o problema estava nos espelhinhos laterais. Precisava ajustá-los. Apertei um botão e rapidamente o guarda-sol fechou-se sobre minha cabeça e, o que é pior, sobre a cabeça de todas aquelas pessoas que estavam grudadas em mim.

A gritaria foi geral:

– Aiii!!! Eu não estou vendo nada!

– Abre esse guarda-sol, menino!

– Socorro! Eu estou sem ar!

Depois de muita luta, consegui abrir o guarda-sol. Eu ainda não enxergava nada.

O limpador de para-brisa disparou e eu não achava o botão para desligá-lo.

Então, comecei a sentir uma dor no pescoço. Era impossível manter a minha cabeça em pé.

O pior é que, justamente nesse momento, a Simone estava competindo.

Pelos aplausos, ela devia estar indo bem. Eu não podia dizer porque, com o peso no pescoço, só conseguia olhar para o chão.

Ouvia as pessoas ao meu lado reclamando:

– Eu estou sem sombra. Vire para cá – e eu era virado.

– Não, senhora! Eu cheguei primeiro. Ele vai virar para cá! – e eu era virado para lá.

De repente, um estalo!

Pensei que meu pescoço tivesse quebrado, mas não. Era o capacete que segurava o guarda-sol e o binóculo que estava se quebrando.

Tentei segurar, mas o equipamento foi cair bem no meio da pista de *skate*, onde Simone fazia sua última manobra. Com ela não aconteceu nada.

Foi aí que consegui ver claramente do lugar onde eu estava.

Percebi que não precisava do binóculo para enxergar. Muito pelo contrário.

Era bem melhor sem ele.

Mas, então, por que eu comprei?

Alexandra Lopes e André Mota. ...Comprei aquilo, deu nisso...
São Paulo: Editora do Brasil, 2012. p. 5-6.

BRINCANDO COM O TEXTO

1) Como era o binóculo que o personagem comprou?

_____
_____
_____

2) O texto é narrado em 1ª pessoa, ou seja, o narrador também é personagem. Copie do texto um trecho que comprove isso.

_____
_____
_____

3) Que problema o peso do binóculo acabou causando? E qual foi a consequência disso?

_____
_____
_____

4) O menino deduziu que Simone estava indo bem na competição:

☐ pelos aplausos.

☐ porque alguém lhe contou.

5) O binóculo funcionou bem? É possível tirar uma lição dessa história?

_____
_____
_____
_____
_____
_____

ATIVIDADES

1 Circule os encontros vocálicos das palavras a seguir e classifique-os de acordo com a legenda.

> ① hiato   ② ditongo oral   ③ ditongo nasal   ④ tritongo

- ☐ iguais
- ☐ lençóis
- ☐ saída
- ☐ ouro
- ☐ sótão
- ☐ navio
- ☐ caixote
- ☐ chapéu

2 Ligue os encontros destacados à sua classificação.

mam**oei**ro   dígrafo   s**au**dade
se**rr**a   encontro consonantal   cami**nh**a
pe**dr**a   encontro vocálico   **fl**ora

3 Escreva o nome das imagens e, depois, classifique-os quanto à posição da sílaba tônica.

a) _____
_____

b) _____
_____

c) _____
_____

d) _____
_____

e) _____
_____

f) _____
_____

GRAMÁTICA

Letras m e n antes de consoante

Observe as palavras a seguir.

pomba   lontra

Antes de **b** ou **p**, usamos **m** em vez de **n**. Antes das outras consoantes, usamos **n**.

ATIVIDADES

1 Para dar som nasal à vogal, reescreva as palavras abaixo com **m** ou **n**.

a) e ▲ pinar

b) e ▲ feite

c) co ▲ te ▲ te

d) se ▲ pre

e) ta ▲ bor

f) pi ▲ go

g) li ▲ bo

h) mu ▲ do

i) pe ▲ sador

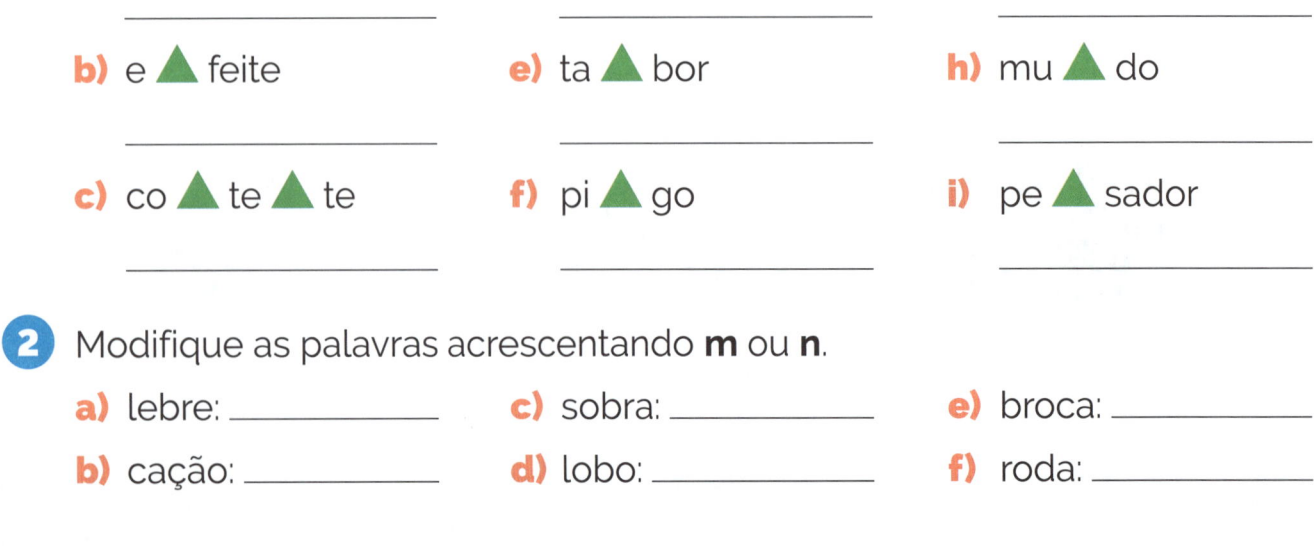

2 Modifique as palavras acrescentando **m** ou **n**.

a) lebre: _____

b) cação: _____

c) sobra: _____

d) lobo: _____

e) broca: _____

f) roda: _____

3 Leia as palavras e escreva-as no diagrama usando **m** ou **n** para completá-las.

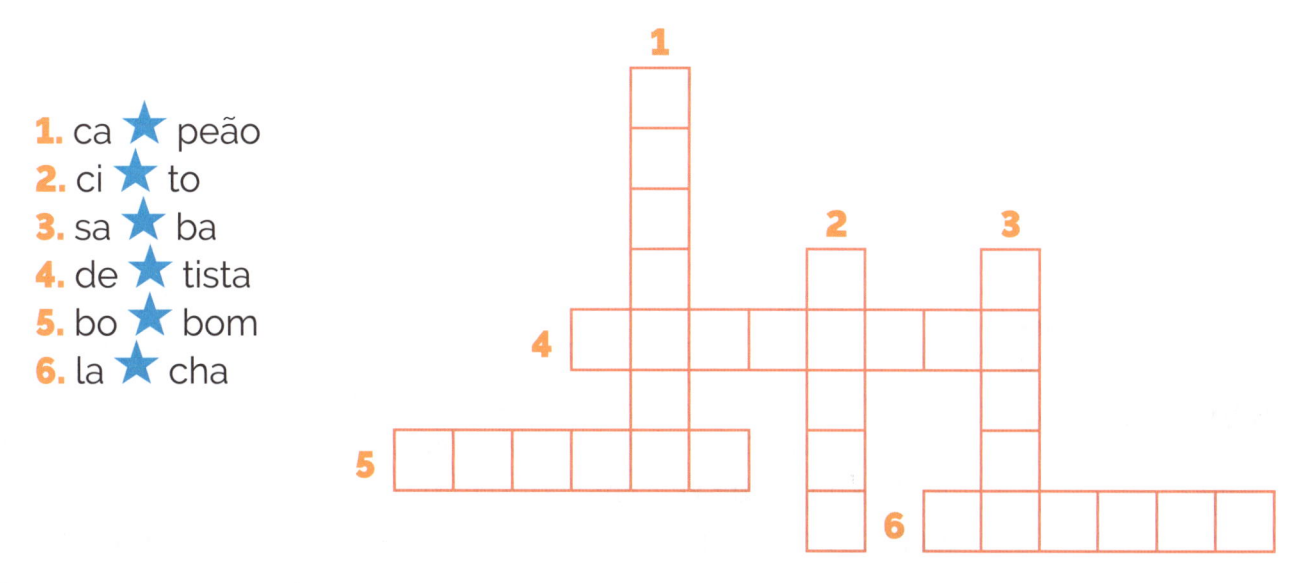

1. ca ★ peão
2. ci ★ to
3. sa ★ ba
4. de ★ tista
5. bo ★ bom
6. la ★ cha

4 Quais das palavras que você escreveu na atividade anterior têm **m** antes de consoante? Por quê?

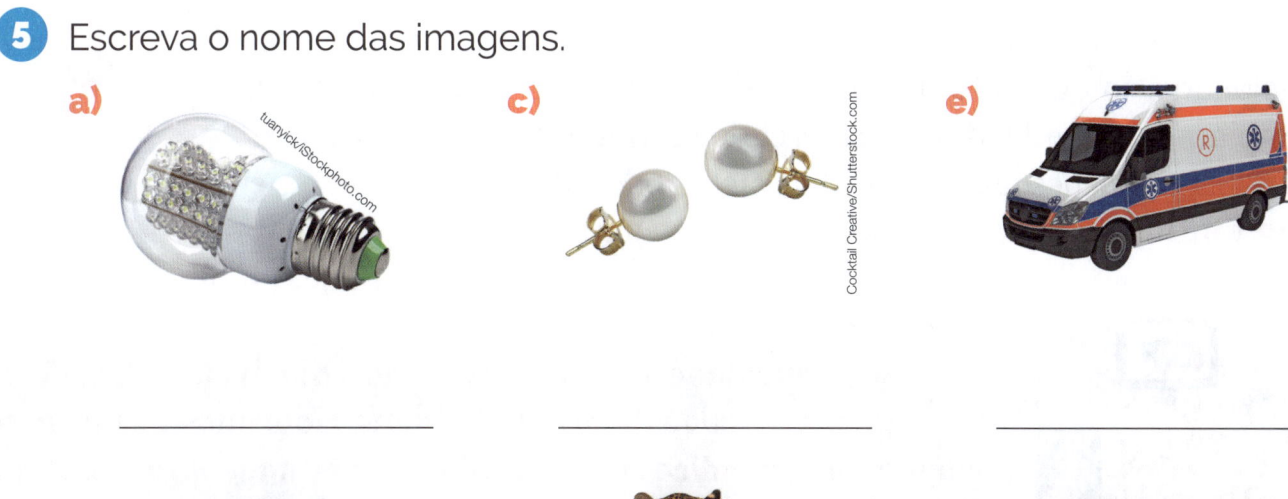

_____
_____

5 Escreva o nome das imagens.

a)

b)

c)

d)

e)

f)

TEXTO 2

Observe o título abaixo. O que você espera encontrar nessa leitura? Observe as imagens e levante hipóteses sobre o que elas abordam. Leia o texto a seguir.

Em números

As crianças brasileiras estão entre as que mais assistem à televisão no mundo, com uma média impressionante de **mais de 5 horas por dia**, segundo levantamento do Ibope 2011. Além do consumo de energia e do aumento do **sedentarismo** infantil, essa exposição excessiva contribui para o **consumismo**, já que a televisão é o principal canal de veiculação de campanhas comerciais que falam diretamente com as crianças. Pesquisa da Universidade Federal do Espírito Santo feita em parceria com o Instituto Alana apontou que **64% de todos os anúncios veiculados nas emissoras monitoradas às vésperas do Dia das Crianças de 2011 foram direcionados para o público infantil**.

A obesidade infantil cresce em um ritmo assustador e já atinge 15% da população infantil brasileira. Segundo o IBGE, **o sobrepeso entre crianças dobrou nos últimos 34 anos** e está intimamente relacionado ao aumento do consumo de alimentos industrializados, amplamente divulgados pelo mercado produtor e distribuidor.

Segundo pesquisa da InsterScience, de 2003, **os fatores que mais influenciam o consumo de produtos infantis em geral são: 1º publicidade na tevê; 2º personagem famoso; e 3º embalagens.**

A publicidade de alimentos não saudáveis estimula o consumo excessivo de produtos industrializados e agrava o aumento dos índices de sobrepeso e obesidade infantil. Uma em cada 3 crianças de 5 a 9 anos está acima do peso e o sobrepeso dobrou nos últimos 34 anos, segundo dados da POF 2008-2009, produzidos pelo Ibope.

Somente 38,3% das crianças entre 5 e 10 anos consomem frutas, legumes e verduras em sua dieta alimentar, de acordo com o Ministério da Saúde.

Esses dados retratam uma realidade que precisa ser repensada. A criança não deve ser alvo do mercado nem iniciada no mundo do consumo sem que seja educada para isso. Antes de conhecer marcas e produtos, a criança precisa ser preparada para ser cidadã, além de consumidora consciente e responsável.

[...]

Ministério do Meio Ambiente e Instituto Alana. *Consumismo infantil: na contramão da sustentabilidade.* Brasília, DF: MMA, [20–?]. (Cadernos de Consumo Sustentável). Disponível em: https://criancaeconsumo.org.br/wp-content/uploads/2014/05/Consumismo-Infantil.pdf. Acesso em: 27 jun. 2020.

GLOSSÁRIO

Consumismo: refere-se à propensão ao consumo excessivo de bens ou serviços.

Sedentarismo: refere-se à escassez ou ausência de atividades físicas desempenhadas por um indivíduo.

BRINCANDO COM O TEXTO

1 De acordo com o texto, por que a exposição excessiva de crianças à TV é nociva?

_____

_____

2 Quantas horas por dia você passa assistindo à TV? Você acha que seu tempo de exposição à TV é adequado? Converse com os colegas e o professor.

3 O consumo de produtos infantis é estimulado principalmente por três fatores. Assinale-os com um **X**.

☐ prestígio ☐ personagem famoso ☐ independência

☐ embalagem ☐ valor do produto ☐ publicidade na TV

4 Segundo o texto, o consumo de frutas, verduras e legumes entre as crianças é satisfatório? Justifique com dados do texto.

_____

_____

5 À medida que os dados são apresentados, há também indicações das fontes de onde eles foram retirados. Por que isso é feito?

_____

_____

ATIVIDADES

1 Ordene as sílabas e escreva as palavras.

a) pa ram _____

b) dei pan ro _____

c) xa bai dor em _____

d) da me ren _____

e) bai a mam sa _____

f) pa cam nha i _____

g) da pa em _____

h) nen te te _____

2 Classifique as palavras quanto ao número de sílabas e à tonicidade.

	Palavra	Número de sílabas	Tonicidade
a)	relâmpago		
b)	último		
c)	andarei		
d)	iluminou		

3 Complete as palavras abaixo com **s** ou **z**.

a) a ___ ilo

b) fu ___ il

c) a ___ eite

d) ga ___ olina

e) mai ___ ena

f) pra ___ er

g) va ___ io

h) gá ___

i) atra ___ o

j) bra ___ a

k) ca ___ amento

l) bu ___ ina

4 Complete as palavras com **lh** ou **l**.

a) meda ___ a

b) sandá ___ ia

c) espanta ___ o

d) fagu ___ a

e) mobí ___ ia

f) bri ___ ante

g) cí ___ io

h) maravi ___ oso

i) bisbi ___ otar

j) ga ___ o

k) a ___ o

l) ve ___ inho

m) famí ___ ia

n) ampu ___ eta

o) fi ___ ial

p) atrapa ___ ar

A GRAMÁTICA

Til (~) e cedilha (¸)

Observe os destaques nas palavras a seguir.

caminhão   criança

Na palavra **caminhão**, há um sinal sobre a vogal **a**.
Esse sinal se chama **til** (~). Ele nasaliza o som dessa vogal.
Na palavra **criança**, há um sinal debaixo do **c**, para lhe dar som de **ss** antes de **a**, **o** e **u**, como em **moço** e **açúcar**.
Esse sinal se chama **cedilha** (¸).

> Não se usa cedilha na letra **c** antes de **e** e **i**.
> Exemplos: cedo, acima.

ATIVIDADES

1) Coloque o til (~) onde for necessário.

a) Vou voar de aviao.
b) O cidadao votou.
c) Eu ganhei um piao.
d) Joao comeu pao.
e) Sebastiao comprou feijao.
f) Mamae pregou o botao.

2) Coloque a cedilha (¸) onde for necessário.

a) cabeca
b) início
c) justica
d) sumico
e) recibo
f) parecido
g) vacina
h) lição
i) cetim
j) Iguacu
k) Maceió
l) beico

3 Acrescente o til e a cedilha onde for necessário.

a) O suco de maca nao tem acúcar.

b) Meu coracao bate de felicidade.

c) Este moco conhece a Alice.

d) Peca licenca antes de sair.

e) O lencol está com a mae.

f) Tiao levou Celina ao cinema.

4 Complete as palavras com **s**, **c** ou **ç** e, depois, reescreva-as.

a) alma __ o
_____

b) gan __ o
_____

c) __ elebrar
_____

d) remor __ o
_____

e) cal __ ado
_____

f) a __ etona
_____

g) diver __ ão
_____

h) mi __ anga
_____

i) anoite __ er
_____

5 Escreva o nome das imagens.

a) _____

b) _____

c) _____

d) _____

e) _____

f) _____

g) _____

h) _____

i) _____

PEQUENO CIDADÃO

Ficção científica e invenções

Você já ouviu falar em viagem à Lua, *drones* voadores, ligações por videochamada? Se sim, então, você já ouviu falar do universo da ficção científica!

As obras de ficção científica (livros e filmes) costumam apresentar histórias que se passam no futuro, mas com elementos que ainda não existem no presente, ou seja, na vida real.

O escritor francês Júlio Verne é um dos maiores representantes da literatura de ficção científica. Em muitas de suas obras, ele conseguiu prever várias invenções, como o submarino, os satélites, robôs, entre outros. Você já imaginou alguém prever a criação de algo com dezesseis anos de antecedência? Foi assim com o submarino.

Observe as imagens abaixo, escreva o nome delas e, depois, responda às questões.

a) _____

b) _____

c) _____

1 O que essas imagens têm em comum?

2 Essas invenções são importantes para as pessoas? Por quê?

3 Em sua opinião, como é possível um escritor prever grandes invenções científicas?

BRINCANDO COM A CRIATIVIDADE

Propaganda

Observe a ilustração, que mostra uma bicicleta toda equipada como o binóculo do Texto 1.

- De que maneira você convenceria uma pessoa a comprar um veículo como esse?

Planejar e produzir

1. Escreva um texto falando das características da bicicleta e de como ela pode ser útil.
2. Não se esqueça de dar um nome a seu produto.

Reler, revisar e editar

1. Releia seu texto e coloque-se no lugar do leitor. Você pode fazer as seguintes perguntas a si mesmo:
   - Você se sentiria com vontade de comprar esse veículo?
   - Há alguma informação relevante que falta ao texto?
   - Há algo exposto no texto que faria você não comprar o veículo?

Se você notar elementos que desfavorecem a compra da bicicleta, faça alterações no texto a fim de que ele possa convencer o leitor.

Compartilhar

1. Façam um mural com os textos criados pela turma. Assim, vocês podem observá-lo e ler todos os textos.
2. Depois que todos lerem, façam uma votação para decidir o texto que mais convence o leitor. Boa sorte!

BRINCANDO

1 Ajude a menina a chegar à banca de jornal.

UNIDADE 5

TEXTO 1

Observe todo o texto e responda: O que você lerá agora?
Leia este texto.

O burro carregado de sal e o burro carregado de esponjas

Um mercador precisava entregar duas cargas: uma de sal e outra de esponjas. Para isso, chamou seus dois burros mais experientes.

– Quero que vocês levem essas mercadorias à cidade. Um leva um saco de sal para a mercearia do João, o outro, sete sacos de esponjas para a feira da rua principal. Sejam rápidos, pois preciso de vocês ainda hoje.

Um dos burros apressou-se a dizer:

– Levo a carga das esponjas, pois, além de ser sete vezes maior que a outra, o caminho para a feira é mais comprido.

Desgostoso, o segundo burro pôs a carga de sal nas costas e foi resmungando, pois a de esponjas era muito mais leve, e o trajeto até a feira, embora mais longo, não era acidentado como aquele até a mercearia.

No meio do caminho precisaram atravessar um rio. Entraram na água e, ao saírem, o sal se havia dissolvido, mas as esponjas ficaram encharcadas e extremamente pesadas.

Moral da história: muitas vezes, aqueles que se consideram espertos acabam vítimas de suas próprias armações.

Fábula de Esopo recontada pela autora.

BRINCANDO COM O TEXTO

1) Encontre no diagrama os sinônimos para as seguintes palavras do texto:

longo   desgostoso   dissolver   acidentado

L	C	F	P	I	S	G	É	N	A	H	F	O	S	D	V
P	O	H	I	R	R	E	G	U	L	A	R	N	R	E	Â
N	M	R	G	O	A	F	I	É	C	A	Ó	S	A	S	V
L	P	N	Q	J	P	T	I	F	A	N	C	L	P	F	U
U	R	U	U	M	O	A	É	H	N	N	M	A	O	A	T
O	I	B	A	B	O	R	R	E	C	I	D	O	O	Z	C
F	D	J	O	M	R	A	G	B	S	M	N	A	R	E	S
A	O	O	H	Q	N	B	F	E	Â	V	B	B	N	R	E

2) Leia as afirmações e coloque **S** para sal e **E** para esponja.

☐ Entrega na feira da rua principal.   ☐ Sete sacos.

☐ Um saco.   ☐ A água do rio encharcou.

☐ Entrega na mercearia do João.   ☐ A água do rio dissolveu.

3) Por que um dos burros preferiu a carga maior?

_____
_____
_____

ATIVIDADES

1 Escreva as palavras utilizando **r** ou **rr**.

a) bu ◆ os
_____

b) po ◆ que
_____

c) ma ◆ gem
_____

d) pe ◆ igosa
_____

e) ◆ esume
_____

f) co ◆ enteza
_____

g) ◆ io
_____

h) véspe ◆ a
_____

i) rast ◆ o
_____

2 Leia as frases e acentue as palavras.

a) La em casa nos temos o habito de tomar cafe.

b) Meu avo gosta de cha e torradas com geleia.

c) Aquele medico cuidou da saude da vovo por decadas.

d) Gosto de abacaxi, caja, pequi, açai, manga, maracuja e melancia.

3 Classifique as palavras quanto ao número de sílabas e à tonicidade.

	Palavra	Número de sílabas	Tonicidade
a)	cipó		
b)	mesa		
c)	tônico		
d)	lâmpada		

4 Escreva o que se pede.

a) saída (nome do encontro vocálico) _____

b) cravo (encontro consonantal) _____

c) cari __ bo (consoante que falta) _____

d) ambulância (nome do acento gráfico) _____

GRAMÁTICA

Acentuação gráfica

Observe a frase e seus destaques.

Amanda **é** g**ê**mea de Alice.

Na palavra **é**, há um **acento agudo** (´).

> O **acento agudo** é usado para marcar timbre aberto ou sílaba tônica das palavras.

- Exemplos: cafuné, fé, tímido, xodó.

Na palavra **gêmea**, o acento é chamado de circunflexo (^).

> O **acento circunflexo** é usado para marcar timbre fechado ou sílaba tônica das palavras.

- Exemplos: cânfora, sinônimo, ônibus, ciência.

ATIVIDADES

1 Coloque o acento circunflexo (^) nas palavras, se necessário.

a) Sou fregues daquele bufe.

b) Sonia calçou tenis azul.

c) Não de importancia a boatos.

d) Angela gosta de pessegos.

2 Coloque o acento agudo (´) nas palavras.

a) historia   b) silaba   c) chale   d) corrego
_____   _____   _____   _____

3 Coloque o acento agudo (´) ou o acento circunflexo (^) quando for necessário.

a) O automóvel percorreu um quilômetro.

b) Luís e Mônica receberam prêmios.

c) O médico tratou meu estômago.

d) A ginasta teve êxito na série.

e) Faço exercícios há três anos.

f) A prática de esportes faz bem à saúde.

4 Acentue as palavras proparoxítonas.

a) Paulo e Bárbara trouxeram os óculos.

b) Angélica não estudou as lições de Matemática.

c) O pântano estava com mais água.

d) Débora tem o hábito de observar pássaros.

e) Pâmela participou de um número no *show* de mágica.

f) Ele fotografou a anêmona de um bom ângulo.

5 Escreva o nome das imagens usando adequadamente o **acento agudo** ou o **acento circunflexo**.

a) _____

b) _____

c) _____

d) _____

e) _____

f) _____

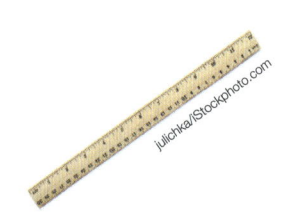

BRINCANDO COM A CRIATIVIDADE

Fábula

Imagine que na fábula do Texto 1 os burros tivessem decidido se ajudar. Como seria essa história? Escreva uma versão alternativa para a fábula.

Planejar e produzir

1. Lembre-se de usar diálogos entre os personagens.
2. Não se esqueça de finalizar o texto com uma nova moral.

Reler, revisar e editar

1. Releia o texto e corrija pontuação, ortografia, acentuação etc.
2. Confira se a nova moral da história está bem clara para o leitor.

Compartilhar

1. Com os colegas, faça uma roda em sala para a leitura das novas fábulas. Depois, discutam qual é a versão que vocês acham mais interessante: a do Texto 1 ou as feitas pela turma.

PEQUENO CIDADÃO

Blog

A palavra *blog* vem da abreviação da palavra inglesa *weblog*, que é a união de *web* ("rede da internet") e *log* ("diário de bordo"). O *blog* é uma espécie de diário virtual que permite a comunicação e interação entre diversos internautas, ou seja, entre as pessoas que navegam pela internet. Quem tem um *blog* é chamado de blogueiro ou blogueira e é quem faz as publicações.

Você pode gostar muito de alguma coisa e decidir criar um *blog* para compartilhar com outras pessoas o que você gosta, interagindo com elas. E, para isso, vale postar texto, música, vídeos, fotografias, tudo vai depender dos seus interesses.

1. Se você fosse criar um *blog*, como ele seria?

2. E que tal criar um *blog* para compartilhar a fábula escrita por você e por seus colegas? Converse com o professor sobre essa ideia.

TEXTO 2

Você lerá outra fábula agora. O que você espera encontrar?

Qual é a origem dessa fábula?

Leia o texto a seguir.

A força e a sabedoria

Yulizi diz que a força do tigre é, sem dúvida alguma, superior à do homem. O tigre possui garras e dentes afiados e fortes, e o homem não.

Logo, é natural que o homem seja devorado pelo tigre. Contudo, é raro se ter notícia de homem devorado por tigre, mas é frequente encontrar tapete de tigre nas casas.

O que acontece?

O tigre usa a força, enquanto o homem usa a inteligência. O tigre possui apenas garras e dentes afiados, enquanto o homem maneja armas. A força é equivalente a um, mas a inteligência é equivalente a cem. O tigre atua sozinho, enquanto o homem atua em grupo. Um tigre sempre perderá, caso lute contra cem homens, mesmo sendo feroz. Um homem só será alimento de tigre se for impedido de usar a sua inteligência ou de usar as suas armas.

Por isso é que se diz que um homem que usa apenas a sua força e não a sua inteligência, ou atua sozinho e não em grupo, é considerado um tigre. Então, por que não usar as peles dessas pessoas nas casas, como tapetes?

Liu Ji. *50 fábulas da China fabulosa*. Organização e tradução de Sérgio Capparelli e Márcia Schmaltz. 2. ed. Porto Alegre: L&PM, 2008. p. 123.

BRINCANDO COM O TEXTO

1 O título do texto destaca duas qualidades. A quem ou a que cada uma se refere?

2 Como o texto compara força e inteligência?

3 Em sua opinião, qual é o sentido do trecho: "[...] é raro se ter notícia de homem devorado por tigre, mas é frequente encontrar tapete de tigre nas casas"?

4 Você acha que o homem e o tigre têm as mesmas condições para vencer uma luta? Justifique sua resposta.

5 No último parágrafo, está escrito que "um homem que usa apenas a sua força e não a sua inteligência, ou atua sozinho e não em grupo, é considerado um tigre". Por que é feita essa comparação?

6 Escreva uma moral da história para essa fábula.

ATIVIDADES

1 Leia a tirinha e circule os substantivos que aparecem nela.

> EU PODERIA RECLAMAR DA VIDA...
>
> FAZER UM DISCURSO SOBRE O FIM DA ESPERANÇA...
>
> MAS HOJE, NÃO! HOJE NÃO HÁ DESAMOR, TRISTEZA OU MELANCOLIA...
>
> HOJE É DIA DE GIRASSÓIS! E PONTO.

Clara Gomes. *Bichinhos de jardim*.

2 No segundo quadrinho, identifique e classifique um artigo.
_____
_____
_____

3 Escreva o antônimo das palavras **desamor**, **tristeza** e **melancolia**.
_____
_____

4 Dê o singular da palavra **girassóis**.
_____
_____

5 Informe o que se pede.

a) poderia (nome do encontro vocálico) _____

b) há (nome do acento) _____

c) não (nome do sinal) _____

d) esperança (nome do sinal) _____

e) reclamar (encontro consonantal) _____

f) melancolia (classificação quanto à sílaba tônica) _____

A GRAMÁTICA

Hífen

O **hífen** (-), ou **traço de união**, é usado para:

- formar nomes compostos de plantas e animais: erva-doce, mico-leão;
- separar os elementos das palavras compostas que têm apenas um sentido: faz-tudo, meio-dia, maria-mole, pega-pega;
- ligar prefixos como **recém-**, **sem-**, **vice-**, **ex-**, **pós-**, **pré-**, **pró-**: recém-nascido, sem-terra, vice-campeão, ex-prefeito, pós-graduação, pré-natal, pró-memória;
- ligar os pronomes aos verbos: digo-lhe, pedi-lo, queixar-se;
- separar as sílabas de uma palavra: es-co-la, as-si-mi-lar, en-ve-lhe-cer.

Há outros casos de uso do hífen, que serão estudados nos próximos anos.

ATIVIDADES

1 Escreva o nome das imagens usando hífen.

a)

b)

c)

d)

e)

f)

2 Coloque o hífen quando for necessário.

a) A vice diretora trouxe o guarda chuva.

b) O bem te vi come banana maçã.

c) Quinta feira eu fiz brigadeiro.

d) O papa capim é uma ave pequena.

e) O guarda civil observou o beija mão.

f) À meia noite começa um curta metragem.

3 Use o hífen para separar as palavras em sílabas.

a) telegrama
_____

b) ventilador
_____

c) garrafa
_____

d) caneta
_____

e) soldado
_____

f) linha
_____

g) fato
_____

h) carro
_____

i) foca
_____

j) ilha
_____

BRINCANDO

1 Busque nos textos desta unidade palavras que contenham dígrafos e anote abaixo. No caderno, monte um diagrama.

_____
_____
_____

Depois passe para um amigo encontrá-las. Dica: em todos os quadradinhos deverá haver letras.

BRINCANDO COM A CRIATIVIDADE

Fábula

Observe as imagens e reconte a fábula *A cigarra e a formiga*.

Planejar e produzir
1. Em uma folha de papel à parte, dê um novo título à fábula.
2. Crie diálogos entre as personagens ao longo do texto.
3. Lembre-se de finalizar seu texto com a moral da história.

Reler, revisar e editar
1. É hora de revisar o texto e conferir se há algo para ser editado: verifique se as sentenças foram bem construídas, se há equívocos gramaticais etc.

Compartilhar
1. Façam um varal com as histórias criadas pela turma. Assim, todos poderão passear pelo mural lendo as fábulas dos colegas.

UNIDADE 6

TEXTO 1

O que parece que você lerá agora?
Leia o título. Você já soltou pipa? Como foi sua experiência?
Leia o texto com os colegas.

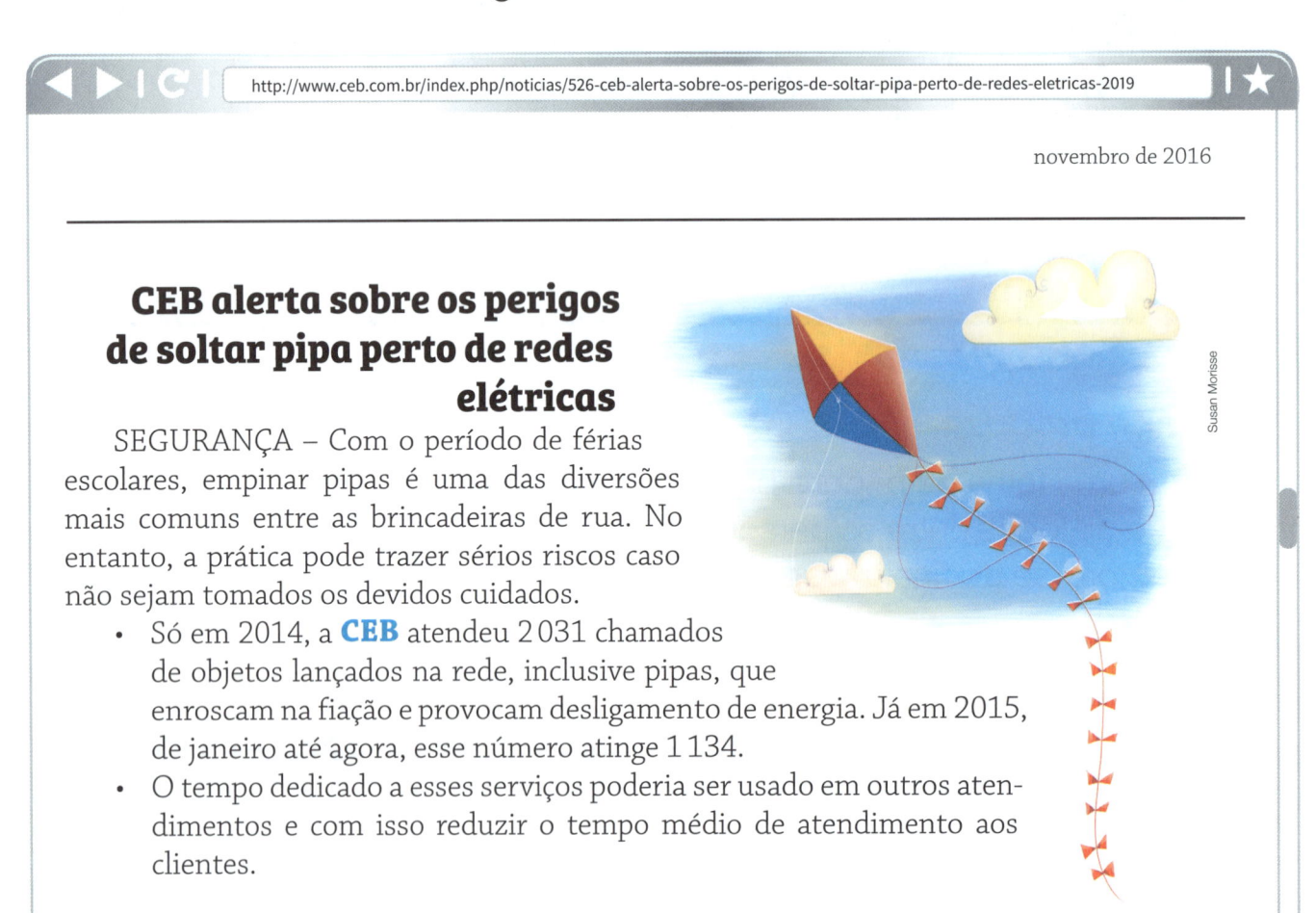

http://www.ceb.com.br/index.php/noticias/526-ceb-alerta-sobre-os-perigos-de-soltar-pipa-perto-de-redes-eletricas-2019

novembro de 2016

CEB alerta sobre os perigos de soltar pipa perto de redes elétricas

SEGURANÇA – Com o período de férias escolares, empinar pipas é uma das diversões mais comuns entre as brincadeiras de rua. No entanto, a prática pode trazer sérios riscos caso não sejam tomados os devidos cuidados.

- Só em 2014, a **CEB** atendeu 2 031 chamados de objetos lançados na rede, inclusive pipas, que enroscam na fiação e provocam desligamento de energia. Já em 2015, de janeiro até agora, esse número atinge 1 134.
- O tempo dedicado a esses serviços poderia ser usado em outros atendimentos e com isso reduzir o tempo médio de atendimento aos clientes.

Além dos prejuízos materiais e financeiros, soltar pipa embaixo da rede elétrica pode provocar **curto-circuito**, desligamentos de redes de distribuição e acidentes com choques, caso ela enrosque na fiação. Em casos mais graves pode levar à morte quem está brincando com o objeto.

Outra preocupação é em relação ao cerol, mistura cortante feita com cola, vidro e restos de materiais condutores, que é um dos principais causadores dos desligamentos. Geralmente provocam curto-circuito e até o rompimento dos cabos, podendo causar um grave choque elétrico ou até mesmo fatal.

Nesta quinta-feira (16/07) a CEB inicia uma ação nas redes sociais com alertas e cuidados na hora de soltar pipas. A ideia é orientar a população que as pipas sejam soltas bem distante das redes elétricas, de preferência, em locais descampados.

CEB Distribuição. Disponível em: http://www.ceb.com.br/index.php/noticias/526-ceb-alerta-sobre-os-perigos-de-soltar-pipa-perto-de-redes-eletricas-2019. Acesso em: 12 ago. 2020.

GLOSSÁRIO

CEB: Companhia Energética de Brasília.

Curto-circuito: conexão acidental que pode provocar um excesso de corrente, causando problemas na fiação de aparelhos elétricos.

BRINCANDO COM O TEXTO

1 Sobre o que trata o texto que você leu?

☐ Sobre as brincadeiras de rua em época de férias escolares.

☐ Sobre os riscos de soltar pipas próximo à rede elétrica.

☐ Sobre os diversos tipos de pipas que existem.

2 Em relação a 2014, a CEB atendeu em 2015 mais ou menos chamados de objetos lançados na rede?

☐ Mais.

☐ Menos.

3 Por que o número de chamados de 2014 foi tão diferente do número de 2015?

☐ Porque, na época da notícia, o ano de 2015 não tinha terminado.

☐ Porque as pessoas pararam de soltar pipas em 2015.

4 Faça uma lista dos riscos de soltar pipas próximo à rede elétrica.

_____

_____

_____

5 Por que a CEB resolveu fazer uma ação nas redes sociais?

_____

_____

SAIBA MAIS

Pipa, papagaio ou pandorga?

Em cada região do país, esse brinquedo recebe um nome diferente. Veja a seguir alguns deles.

Amazonas – cangula, guinador, frade, curica e estrela.
Ceará – barril, bolacha, cangulo, estrela e pecapara.
Rio de Janeiro – cafifa, laçadeira, estilão, gaivota, marimba, pião, modelo, quadrado e carambola.
Maranhão – jamanta (quando grande) e curica (quando pequena).
Pernambuco – camelo e gamelo.
Rio Grande do Norte – coruja.
Minas Gerais – frecha, catita, quadra e lampião.
São Paulo – rainha, peixinho, quadrado, quadrada, quadradinha e índio.
Pará – maranhoto, curica, pote, guinador e cangula.
Rio Grande do Sul – churrasco, barrilete, arco, estrela, caixão, bidê, bandeja, navio e pipa.
Santa Catarina – papagaio e barrilote.

Roberto Azoubel. Folclore e datas importantes: pipas! *In*: Cecierj. *Educação pública*. Rio de Janeiro, [20--?]. Disponível em: www.educacaopublica.rj.gov.br/cultura/folclore/0003.html. Acesso em: 6 fev. 2017.

ATIVIDADES

1 Sublinhe a sílaba tônica de cada palavra.

a) anel
b) sábado
c) calango
d) página
e) caderno
f) toalha
g) mulher
h) jabuti
i) papel
j) porta
k) pétala
l) peteca

2 Escreva as palavras do quadro ao lado dos sinônimos correspondentes.

> perfume   cliente   lembrança   contente

a) recordação _____
b) alegre _____
c) freguês _____
d) aroma _____

3 Circule os dígrafos das palavras a seguir.

a) carro
b) brinquedo
c) cheque
d) osso
e) filho
f) morro
g) chuvisco
h) malhar
i) quilo
j) carreteiro
k) passeio
l) excesso
m) jarra
n) crescer
o) sonho
p) foguete

4 Reescreva as frases acentuando apenas as palavras em destaque.

a) Você sabia que o **sabia** sabia assobiar?
_____
_____

b) O **bebe** bebe leite sempre.
_____

c) Meus pais estão fora do **pais**.
_____

GRAMÁTICA

Sinais de pontuação

Observe a frase:
Traga três pães, uma manteiga e um queijo branco da padaria.

Sinais de pontuação são sinais gráficos que indicam a entonação e ajudam na compreensão da leitura.

Veja, a seguir, quais são os sinais de pontuação.

O **ponto final** (.) indica o fim de uma frase, afirmativa ou negativa.

O **ponto de interrogação** (?) indica uma pergunta.

O **ponto de exclamação** (!) é usado nas frases exclamativas. Indica sentimentos como alegria, tristeza, surpresa, medo, espanto e admiração.

A **vírgula** (,) é usada para:
- indicar uma pequena pausa na frase. Exemplo: Não, nós não teremos aula amanhã;
- separar nomes de uma relação. Exemplo: Meus esportes preferidos são vôlei, tênis e natação;
- separar, nas datas, o nome do lugar. Exemplo: Brasília, 26 de janeiro de 2020;

- separar expressões que indiquem circunstância de tempo ou de lugar.

Exemplo: No dia anterior, fui ao supermercado;
- separar o vocativo (chamamento). Exemplo: Nina, pegue a mochila para mim, por favor.

O **ponto e vírgula** (;) é usado quando queremos indicar uma pausa maior na frase.

Veja quando usar os **dois-pontos** (:).
- Para anunciar a fala de alguém. Exemplo:

Cláudia olhou para as tias e disse:
– Que bom que vocês vieram!
- Quando queremos indicar uma enumeração. Exemplo:

Comprei: arroz, feijão, carne e verduras.
- Antes de palavras citadas por alguém. Exemplo:

Como disse o poeta: "Viver é melhor que sonhar".

As **reticências** (...) são usadas para indicar a suspensão de um pensamento ou corte em uma frase dita ou pensada.

O **travessão** (–) é um traço maior que o hífen, usado para indicar fala. Ao iniciarmos uma frase com travessão, devemos alinhá-lo ao parágrafo.

As **aspas** (" ") são sinais usados para:
- indicar uma citação. Exemplo: "Penso, logo existo" (Descartes);
- destacar uma expressão. Exemplo: Queria virar, mas vi a placa "Proibido virar à direita";
- citar uma frase de outra pessoa. Exemplo: "Sinto muito", disse Melissa;
- indicar, em textos narrativos, pensamentos de personagens. Exemplo: Quando cheguei ao último andar, pensei: "Ufa!".

Os **parênteses** (( )) são usados para isolar palavras ou grupos de palavras nas frases a fim de chamar a atenção ou dar uma explicação.

ATIVIDADES

1 Complete as frases com ponto final, ponto de interrogação ou ponto de exclamação.

a) O circo chegou à cidade

b) Léo, quer açúcar ou adoçante

c) Ei, volte aqui

d) Começo a estudar amanhã

2 Transforme as frases trocando a pontuação final por outra.

a) Eles foram ao conservatório.

___

b) Marcus joga bola aos domingos.

___

3 Separe os **vocativos** (chamamentos) por meio da vírgula.

a) E aí Cíntia como está você?

b) Garçom dois lugares por favor.

c) Marisa está tudo bem?

d) Como vai Afonso?

4 Complete as frases com aspas, travessão, dois-pontos, ponto e vírgula ou parênteses.

a) Clara perguntou

   Onde está minha capa de chuva?

b) Flávia tirou dez na prova. Que presentão , pensou.

c) A ONU Organização das Nações Unidas surgiu em 1945.

d) Ele não queria ficar mais ali queria ir para casa.

5 Coloque a pontuação necessária nas frases a seguir.

a) Havia na geladeira: banana melão laranja limão e maçã

b) Olha só Como você cresceu

c) Qual sabor você prefere

d) Daniela venha brincar com a gente

6 Observe as imagens e crie frases exclamativas.

a)

_____
_____
_____

b)

_____
_____
_____

7 Marque o sentimento expresso pela pontuação.

a) Como você é inteligente!

☐ surpresa ☐ tristeza ☐ admiração

b) Que pena, está chovendo!

☐ surpresa ☐ tristeza ☐ admiração

c) A professora não veio?!

☐ surpresa ☐ tristeza ☐ admiração

BRINCANDO COM A CRIATIVIDADE

História em quadrinhos

Leia as palavras do quadro e seus significados.

> **Aparar:** fazer com que sua pipa pegue outra no ar.
> **Arriar:** descer um pouco sua pipa para recolhê-la ou pegar outra.
> **Cabresto (ou estirante):** linha colocada nas duas pontas de uma pipa e presa à linha do carretel.
> **Chapar (ou embolar):** enroscar duas pipas sem que nenhuma linha as corte.
> **Corrupio:** ato de rodar a pipa no ar.
> **Empinar:** fazer a pipa subir cada vez mais alto.
> **Estancar:** arrebentar acidentalmente a linha de sua pipa.
> **Rabiola:** espécie de cauda localizada no final da pipa para estabilizá-la no ar.
> **Tentear:** fazer movimentos de um lado para o outro para que a pipa suba.
> **Voar:** ter sua pipa cortada por outro "pipeiro".

Agora veja os passos para você elaborar uma HQ na página seguinte.

Planejar e produzir

1. Antes de começar a escrever, pense nos personagens que você irá criar e nos acontecimentos que você irá contar.
2. Defina as características físicas dos personagens e o cenário em que a história se passa; afinal, você terá de desenhá-los.
3. Pense nas falas a serem incluídas nos balões. Veja se elas caberão nos balões de fala.

Revisar e editar

1. Reveja a HQ, observando se as falas e as imagens são exibidas de modo integrado. Faça as edições necessárias para que ela fique adequada.

Compartilhar

1. Com a ajuda do professor, criem uma revista de HQs reunindo todos os textos criados pela turma. Assim, a revista poderá circular pela sala, de modo que todos possam ler as histórias.

1 Usando algumas das palavras listadas no vocabulário do "pipeiro", crie uma história em quadrinhos que mostre um ou mais personagens brincando de pipa.

TEXTO 2

Você lerá agora uma regra de jogo. Você já leu textos como esse? Leia o texto a seguir.

www.jogostradicionais.org/pipa

Pipa

Organização do jogo: regras e objetivos

A pipa é um dos jogos que mais apresenta variações quanto aos objetivos, formatos e regras. Os sentidos e significados atribuídos pelos jogadores ao longo dos anos permitiram a existência de vários formatos das próprias pipas.

[...]

Em relação às regras, o próprio local e os jogadores criarão aquelas que deverão ser respeitadas. Dependendo do acordo nos contextos, pode-se tentar ou não cortar a linha do outro utilizando a sua pipa. Outra regra comum é sobre a captura das pipas cortadas: em geral, aquele que for o primeiro a pegar a pipa cortada passa a ser o seu dono. No caso de um dos jogadores conseguir cortar e "aparar" a pipa de outro jogador, também passa a ser seu novo dono.

É comum, nos casos em que a pipa foi cortada devido ao vento, ou à qualidade da linha, ser devolvida ao seu dono caso, este corra atrás da mesma. É comum, mas não uma regra seguida em todos os locais.

No que diz respeito aos objetivos de soltar pipa, também presencia-se uma variável contextual. Pode-se objetivar soltar pipa apenas para realizar manobras (desbicar, retão), batizar a linha (utilizar toda linha) ou erguê-la para tirar "rélos" (cortar as demais pipas e/ou capturar novas).

Abaixo, [...] algumas ações possíveis e mais comuns do jogo "pipa":

Desbicar: levar a pipa no ar para os lados direitos e esquerdo.

Retão: descer a pipa rápido em linha reta.

Rélo: tentar cortar a pipa de outra pessoa.

Aparar: cortar a pipa da outra pessoa e segurá-la com a sua linha ou rabiola.

Deve-se incentivar os jogadores a criar suas próprias manobras e elaborar pipas diferentes, testando-as no ar e ensinando os demais jogadores.

Gabriel Gonçalves Freire. Pipa. *In:* Gabriel Gonçalves Freire. *Jogos tradicionais.* São Paulo, [201-] (adaptado). Disponível em: www.jogostradicionais.org/pipa. Acesso em: 2 jul. 2020.

BRINCANDO COM O TEXTO

1) Segundo o texto, existe uma única regra para soltar pipa?

_____
_____

2) Releia estes fragmentos do texto:

"Pode-se objetivar soltar pipa..."
"Deve-se incentivar os jogadores..."

Em regras de jogo, também é comum o uso de verbos no modo imperativo. Transforme as frases acima usando esse modo, como no exemplo a seguir.

> Pode-se tentar cortar a linha. ⟶ **Tente** cortar a linha.

a) "Pode-se objetivar soltar pipa..."
_____

b) "Deve-se incentivar os jogadores..."
_____

Releia este fragmento: **"Pode-se objetivar soltar pipa..."**

3) A quem ele se refere?
_____

4) Em um texto instrucional, as imagens ajudam o leitor a compreender as ações descritas. Desenhe em uma folha de papel à parte como seriam as ações indicadas.

- Desbicar
- Retão
- Rélo
- Aparar

5) Entre as expressões usadas para as manobras com a pipa, é possível atribuir a elas significados diferentes em outros contextos. Que outro significado podemos atribuir aos termos abaixo?

a) Batizar: _____

b) Aparar: _____

A GRAMÁTICA

Frase

Leia esta frase:
Sofia anda de patins.

Há frases que são formadas por uma só palavra, como:
Presente!
Confirmado.
As frases podem ser:
declarativas – afirmativas ou negativas; interrogativas – diretas ou indiretas; exclamativas, imperativas.
Observe:
Cristiano é uma pessoa nobre.
Nessa frase, é feita uma afirmação sobre Cristiano.

> É uma frase **declarativa afirmativa**. Termina com ponto final (.).

Adalto não anda de bicicleta.
Nessa frase há uma negação a respeito de Adalto.

> É uma frase **declarativa negativa**. Termina com ponto final (.).

Vocês vão à escola hoje?
Essa frase apresenta uma pergunta direta.

> É uma frase **interrogativa direta**. Termina com ponto de interrogação (?).

Quero saber como foi seu dia.
Essa frase apresenta uma pergunta de forma indireta, sem o ponto de interrogação.

> Essa é uma frase **interrogativa indireta**, pois faz uma pergunta indireta e termina com ponto final (.).

Gosto muito de você!
Essa frase manifesta um sentimento.

> É uma **frase exclamativa**. Termina com ponto de exclamação (!).

Vá ao laboratório.
Michele, não venha aqui!
Essas frases expressam ordens.

> A frase que expressa uma ordem ou pedido é chamada de **frase imperativa**.
> Ela pode terminar com ponto final (.) ou ponto de exclamação (!).

ATIVIDADES

1 Faça a correspondência classificando as frases de acordo com as letras dos itens.

a) declarativa afirmativa   ( ) Que homem simpático!

b) declarativa negativa   ( ) Eu não irei com vocês.

c) interrogativa direta   ( ) Já estou indo.

d) interrogativa indireta   ( ) Diga o que você quer ver.

e) exclamativa   ( ) Como vão as coisas?

2 Ligue as frases aos respectivos tipos.

a) O encanador não consertou o chuveiro.

b) Deixei a roupa no varal.

c) Vocês gostariam de mudar de mesa?

d) Está doendo muito!

e) Escreva por que você seria um bom candidato.

- declarativa afirmativa
- declarativa negativa
- exclamativa
- interrogativa indireta
- interrogativa direta

3 Elabore perguntas para as afirmações a seguir escrevendo **frases interrogativas**. Dica: empregue os termos **quem**, **quando**, **onde**, **por que** ou **como**.

a) Vim de ônibus e metrô.
_____

b) Viajaremos no próximo feriado.
_____

c) Não fiz o trabalho.
_____

d) Mirella mora no centro.
_____

4 Transforme as frases declarativas afirmativas abaixo em exclamativas.

a) Esta flor é perfumada.
_____
_____

b) Cássio tem muita inteligência.
_____
_____

ORTOGRAFIA

Palavras com r ou rr

1 Escreva as palavras utilizando **r** ou **rr**.

a) a ● asar

b) ama ● otar

c) co ● enteza

d) p ● imei ● o

e) rast ● o

f) que ● e ●

2 Organize as sílabas e escreva as palavras. Depois, marque na coluna correspondente o que você observou sobre a letra **r**. Veja o exemplo.

Sílabas	Palavra	r	rr
ra bó a bo	abóbora	x	
sar ter a ris			
ga ru ver			
du pa ra ra			
ca bar ra			

3 Escreva o nome das imagens com **r** ou **rr**.

a)

b)

c)

d)

e)

f)

BRINCANDO COM A CRIATIVIDADE

Narrativa

Observe a ilustração e, no caderno, crie uma história com diálogo para a cena.

Waldomiro Neto

Planejar e produzir

1. Pense nas seguintes questões: Quem é o menino? E a menina? Por que eles estão com essas expressões? O que um fala para o outro?
2. Não se esqueça de usar os sinais de pontuação.
3. Escreva seu texto em uma folha de papel à parte.

Reler, revisar e editar

1. Releia o texto com atenção redobrada aos sinais de pontuação.
2. Se necessário, faça as devidas correções.

Compartilhar

1. Faça uma roda em sala com os colegas e o professor para contar as histórias criadas pela turma. Preste atenção e eleja aquela que mais se assemelha à sua.

ORALIDADE

Narração de jogo

1. A sua turma organizará uma competição de pipas e você ficará responsável por fazer a narração do evento. Vamos lá?

2. Para que a narração seja bem-sucedida, você deve se preparar. Para isso, siga as orientações abaixo.
- Procure saber quem serão os competidores: saiba os nomes de cor.
- Informe-se sobre tudo em relação a esse esporte, conhecendo, inclusive, os nomes dados às diferentes pipas e às manobras típicas.

3. As narrações de jogos dependem fortemente do entusiasmo do narrador. Por isso, capriche na locução, envolvendo os ouvintes e cativando a atenção deles.
4. Crie seus próprios bordões para dar identidade à narração.
5. Combine com a turma de gravar as narrações com a ajuda de um gravador ou celular para que depois todos as escutem novamente.

BRINCANDO

1. Vamos aprender a fazer um *origami* de papagaio? Providencie uma folha de papel sulfite e pinte um dos lados de verde. Veja o passo a passo e mãos à obra!

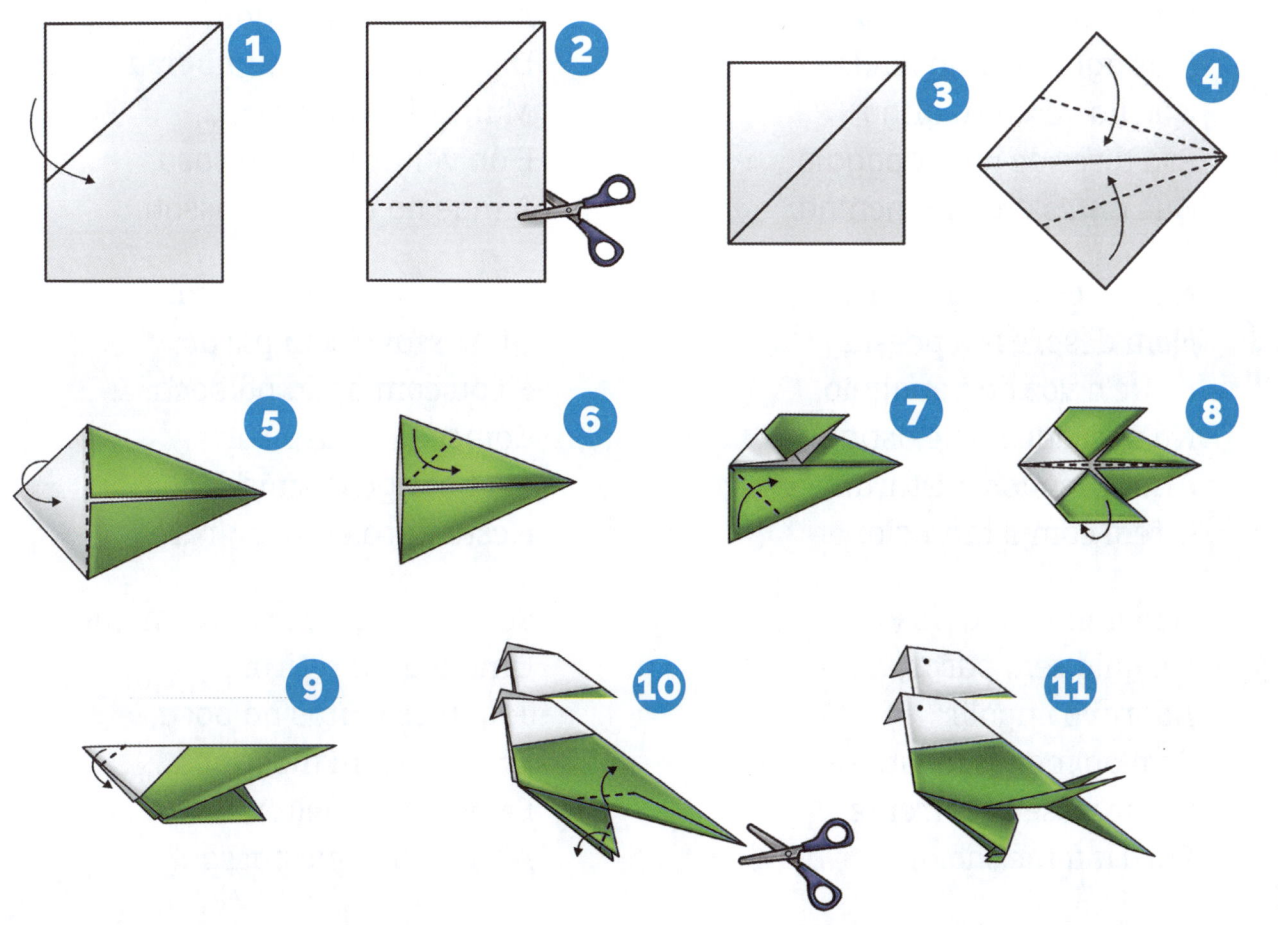

Desenhorama

TEXTO 1

Observe a estrutura do texto. O que você acha que vai ler?
Leia o título. Você conhece alguma lenda?
Agora leia o cordel a seguir.

A lenda de como surgiu a voz do papagaio

Já contei muitas histórias
De **quelônio** e de **felino**,
Mas agora é uma lenda
Que no verso eu afino,
Pra dizer de um papagaio
Que antes era um menino.

Não se assuste, meu leitor,
Nem despreze a poesia;
É que a voz do papagaio
No passado não existia,
Afinal, lendas misturam
O real com a fantasia.

O menino era guloso
E comia sem parar;
Adorava engolir;
Sem ao menos mastigar;
O que visse pela frente
Para a fome saciar.

Certo dia com a mãe
À floresta caminhou;
De uma bela **mangabeira**
Muitas frutas retirou,
E ao voltar pra sua casa,
A mãe na brasa as assou.

O menino olhava a brasa
Que assava sem parar;
Ficou com água na boca,
Começou a suspirar:
– A barriga da miséria
Nesta hora eu vou tirar.

Sem pensar que estavam quentes,
Uma a uma retirou,
Jogou as frutas na boca,
Engoliu, nem mastigou…
E você, caro, leitor,
Adivinha o que passou?

[...]
Tentou cuspir as mangabas.
A garganta foi fechando
Com aquilo que engoliu...
Crá, crá, crá, crá, crá, crá, crá!
Foi o som que lá surgiu.

Mas não foi só o som novo
Que o menino recebeu;
Com a força que ele fez,
Um bico nele cresceu,
E uma cauda bem formosa
No garoto apareceu.

Cada vez que ele coçava,
Uma pena aparecia
E plumagem colorida
O seu corpo recebia
E o som do crá, crá, crá,
Toda hora ele fazia.

O menino transformou-se
Em um bicho vaidoso,
Bateu asas, mas deixou-nos
Um presente valioso;
Papagaio hoje fala
Porque um dia foi guloso.

César Obeid. *Cordelendas – Histórias indígenas em cordel*. São Paulo: Editora do Brasil, 2014. p. 10-13.

GLOSSÁRIO

Felino: animal como o gato, a onça-pintada e o leão.
Mangabeira: árvore que dá a fruta mangaba.
Quelônio: réptil que tem carapaça, como tartarugas, cágados e jabutis.

BRINCANDO COM O TEXTO

1 Nos versos: "Mas agora é uma lenda / Que no verso eu **afino**", qual é o sentido da palavra destacada?

☐ Combinar. ☐ Desorganizar. ☐ Desmanchar.

2 Quem é o leitor a quem o autor se refere na segunda estrofe?

_____
_____

3 Essa história é verdadeira? Justifique sua resposta.

_____
_____

4 O que o menino quis dizer com "A barriga da miséria / Nesta hora eu vou tirar"?

_____
_____

5 Resuma a história contada no poema.

_____
_____
_____
_____
_____
_____
_____
_____

BRINCANDO COM O APRENDIZADO

1 Descubra os pares de antônimos no quadro abaixo e copie-os a seguir.

amar	defender	rir	esconder	mínimo	difícil
mostrar	máximo	bondoso	longe	perto	claro
maldoso	chorar	acusar	escuro	alegria	fácil
grande	dor	pequeno	odiar	prazer	tristeza

2 Componha frases com os homônimos de cada palavra destacada.

a) Este é o **assento** de Márcio.
_____

b) Comprei **cem** laranjas.
_____

3 Encontre os **sinônimos** e **antônimos** das palavras indicadas.

	Sinônimo			Antônimo
a)	robusto		e)	tolo
b)	belo		f)	transparente
c)	alegre		g)	apagada
d)	encantadora		h)	aborrecida

GRAMÁTICA

Classificação dos substantivos – parte I

Os substantivos podem ser, entre outros, próprios, comuns, concretos, abstratos. Veja o exemplo.

Estes são Manuela e Totó.

Manuela e **Totó** são nomes, respectivamente, de pessoa e de animal. Outros exemplos, agora de lugares: Tietê, Brasil, Corcovado.

> Os **substantivos próprios** dão nome a pessoas, lugares, entidades e animais.

As palavras **garrafa** e **planta** são substantivos comuns. Outros exemplos: mesa, televisão, ar-condicionado, time, livros etc.

> Os **substantivos comuns** dão nome a seres ou a objetos da mesma espécie.

As palavras **prédio** e **garrafa** são substantivos concretos. Outros exemplos: fada, calculadora, tinta, escada.

> Os **substantivos concretos** dão nome a seres, reais ou imaginários, e também a atos definidos, como um abraço.

No exemplo "A **honestidade** é fundamental", note que a ideia de honestidade não tem existência própria, mas é um conceito que depende de outros seres para existir.

> Os **substantivos abstratos** nomeiam qualidades, sentimentos, ações e estados dos seres.

Outros exemplos: beleza, sinceridade, gentileza (qualidades); paixão, dor, vergonha (sentimentos); corrida, partida, decisão (ações); ilusão, cegueira, vida (estados).

ATIVIDADES

1 Circule os substantivos comuns.

> copo   bolsa   Salvador   pé   garrafa
> Espanha   moto   Bia   vento   largura

2 Agora escolha um substantivo da atividade 1 e escreva se ele é comum ou próprio, concreto ou abstrato.

_____

3 Complete com um substantivo próprio.

a) Aquela atriz se chama _____.

b) _____ é uma cidade linda.

c) Na escola _____ há uma grande biblioteca.

d) _____ é o país onde nasci.

e) Viajei a _____ nas férias.

4 Escreva os substantivos abstratos correspondentes aos adjetivos a seguir.

a) belo _____

b) emocionado _____

c) velho _____

d) triste _____

e) bravo _____

f) vaidoso _____

g) feio _____

h) feliz _____

5 Escolha um dos substantivos abstratos da atividade 4 e escreva uma frase.

_____
_____
_____
_____
_____

6 Classifique os substantivos simples de acordo com a legenda a seguir.

| **1** próprio | **2** comum |

- ☐ tristeza
- ☐ garoto
- ☐ covardia
- ☐ Flamengo
- ☐ Portugal
- ☐ amor
- ☐ Paraná
- ☐ maria-fumaça
- ☐ Filomena

7 Quais dos substantivos da atividade anterior são abstratos?
_____
_____

8 Classifique os substantivos em **C** (concretos) e **A** (abstratos).

- ☐ leão
- ☐ abraço
- ☐ raiva
- ☐ oceano
- ☐ distração
- ☐ Colômbia
- ☐ beleza
- ☐ alegria
- ☐ água

BRINCANDO

1 Pinte o papagaio com suas cores preferidas e mostre-o aos colegas.

PEQUENO CIDADÃO

Pesquisa na internet

A internet pode ser uma excelente ferramenta de pesquisa e consulta para os mais diferentes assuntos. É preciso, contudo, usá-la adequadamente. Veja a seguir algumas dicas de como fazer isso.

- Consulte pelo menos três *sites* diferentes para comparar informações.
- Verifique a data de publicação da página, especialmente se for uma notícia, para evitar informações desatualizadas.
- Atente-se para quem escreveu as informações, certificando-se de que a pessoa ou instituição que publicou o texto conhece, de fato, o assunto.

1. Você já fez alguma pesquisa na internet? Conte aos colegas e ao professor.
2. A pesquisa em *sites* é suficiente para realizar um trabalho escolar? Converse com o professor e os colegas.

TEXTO 2

Você lerá agora um conto africano. Já conhece alguma história de origem africana?

Leia o título. Sobre o que será que vai ser a história?

Danite e o leão

O casamento de Danite, moça de um vilarejo das montanhas da Etiópia, com um mercador das terras baixas, prometia ser feliz. A não ser por um pequeno detalhe: Haile, o marido, era viúvo e tinha um menino de 8 anos chamado Beshir.

A jovem esposa, desde os primeiros dias em sua nova casa, percebeu que teria dificuldade para cativar o enteado, de ar tristonho, visivelmente abalado pela perda da mãe.

Danite sempre desejara ter um filho. Logo, passou a cuidar de Beshir como se ele tivesse saído de seu próprio ventre. Incansável, não poupava esforços para agradá-lo. Quando Beshir retornava da escola com o uniforme empapado de suor e poeira, ela lavava as roupas do garoto, sem reclamar ou sequer lhe chamar a atenção.

O colégio, como era comum na zona rural, ficava a vários quilômetros da aldeia. Um percurso que, tanto na ida, quanto na volta, Beshir fazia correndo pela estrada de terra.

– Desse jeito você vai acabar se tornando um maratonista igual aos nossos campeões olímpicos – elogiava Danite, tentando puxar assunto.

Afinal, ser um corredor famoso era o sonho de qualquer criança etíope.

Principalmente das que viviam em regiões afastadas das grandes cidades.

Mas quem disse que ele respondia? Era como se ela falasse pras paredes.

Por mais que a madrasta se esmerasse na cozinha e caprichasse no tempero das comidas favoritas de Beshir, o turrão se mantinha arredio.

— Gostou? — perguntava, tentando disfarçar a tristeza perante tanta indiferença.

O garoto, debruçado sobre o prato de comida, nem erguia a cabeça para agradecer a refeição.

Danite, numa noite em que o vento gelado penetrava pelas frestas da porta da casa, tentou abraçar Beshir. Ele a empurrou e proferiu a frase que nenhuma mulher gostaria de ouvir:

— Você não é a minha mãe!

— Não importa. Eu te amo assim mesmo — respondeu ela trincando os dentes.

Todos os dias era o mesmo drama. Por mais cuidado, atenção e carinho que ela desse ao enteado, não conseguia obter o amor de Beshir.

Por essa razão, ela chorava, lamentava e às vezes perdia a paciência, sem ter com quem desabafar.

[...]

Rogério Andrade Barbosa. *Danite e o leão: um conto das montanhas da Etiópia.* São Paulo: Editora do Brasil, 2016. p. 7-8 e 11-12.

BRINCANDO COM O TEXTO

1 Faça a correspondência entre as palavras e o sentido delas no texto.

a) cativar

b) ventre

c) empapado

d) esmerasse

e) turrão

f) arredio

g) proferiu

h) trincando

( ) ensopado

( ) disse

( ) desconfiado

( ) conquistar

( ) apertando

( ) teimoso

( ) barriga

( ) esforçasse

2 O que Danite fez para conquistar Beshir? Assinale as alternativas corretas.

☐ Danite deu presentes caros ao enteado.

☐ Danite passou a cuidar de Beshir como se ele fosse seu filho.

☐ Danite ensinou Beshir a correr maratonas.

☐ Danite lavava as roupas do menino e caprichava nas comidas.

3 Como Danite se sentia? Por quê?

_____
_____

4 Por que o menino não se importava com os esforços de Danite?

_____
_____
_____

5 Quando Danite tentou abraçar Beshir, como ele agiu?

_____
_____

6 Qual foi a reação de Danite ante essa atitude de Beshir?

_____

7 O que você acha da atitude de Beshir? Converse com os colegas e responda.

_____
_____
_____
_____
_____
_____

Classificação dos substantivos – parte II

Além de próprios, comuns, concretos e abstratos, os substantivos podem ser coletivos. Observe os exemplos.

ramalhete   molho

Ramalhete e **molho** são substantivos coletivos.

Substantivos coletivos são aqueles que, embora no singular, indicam uma coleção, um conjunto de elementos da mesma espécie.

Veja a seguir outros exemplos.

abecedário/alfabeto	letras	**esquadra**	navios
arquipélago	ilhas	**viveiro**	pássaros
enxame	abelhas	**fauna**	animais de uma região
auditório	ouvintes	**flora**	plantas de uma região
bando	aves, ladrões	**galeria**	quadros
biblioteca	livros	**manada**	bois ou elefantes
boiada	bois	**matilha**	cães
cacho	bananas, uvas	**molho**	chaves
caravana	viajantes, peregrinos	**multidão**	pessoas

Os seguintes substantivos também são coletivos: grosa, dezena, centena, milhar, dúzia, trimestre, semestre, século, milharal, cafezal, algodoal, canavial, seringal, congregação, pilha.

ATIVIDADES

1 Escreva o que indicam estes coletivos. Se necessário, consulte o dicionário.

a) um ano
_____

c) uma semana
_____

e) um trimestre
_____

b) um século
_____

d) um semestre
_____

f) uma grosa
_____

2 Indique em quais frases as palavras destacadas são substantivos coletivos.

☐ Recebi um **ramalhete** de rosas.

☐ Naquela fazenda criam-se **porcos**.

☐ Ela preparou o **enxoval** do bebê.

☐ Estudei música por uma **década**.

3 Indique o coletivo de cada imagem abaixo.

a)
_____

b)
_____

c)
_____

4 Os substantivos a seguir também são coletivos. Escreva o que eles indicam. Se necessário, consulte o dicionário.

a) elenco
_____

b) clero
_____

c) time
_____

ORALIDADE

Reconto

1. Em grupos, vocês selecionarão uma história para ser contada oralmente em um dia escolhido pelo professor.
   Escolham uma das opções a seguir:

   a) No Texto 1, "A lenda de como surgiu a voz do papagaio", você ficou sabendo como o papagaio começou a falar. Inspire-se na lenda da voz do papagaio e crie uma breve história que explique o pescoço longo da girafa.

   b) Crie um final para o Texto 2, "Danite e o leão". Antes, pense nas seguintes questões:

   - Você acha que Beshir deveria mudar sua conduta?
   - O que Danite poderia fazer para conquistar o amor do enteado?
   - Haile, o pai de Beshir, poderia fazer algo para ajudar a melhorar a relação do filho com a esposa? Se sim, o quê?

2. Discutam em grupo como a história transcorrerá. Anotem os principais acontecimentos e personagens para que vocês não se esqueçam de nenhum detalhe.

3. Concluída essa etapa, é hora de ensaiar a contação. Reúnam-se e ensaiem várias vezes, até se sentirem seguros.
   A história será contada com as palavras de vocês, por isso não há necessidade de decorar nada.

4. A contação deve ser dividida entre o grupo, de modo que todos participem e contem pelo menos uma parte da história.
   No dia da apresentação, se for o caso, façam vozes diferentes para cada personagem.

5. Na hora da contação, o grupo deve ficar de pé olhando para os ouvintes. Procurem falar de um jeito bem expressivo, pois a entonação dada a cada frase é fundamental para criar os efeitos desejados (de surpresa, suspense, humor etc.).

6. Aproveite o momento e divirta-se contando histórias e ouvindo as histórias dos colegas!

UNIDADE 8

TEXTO 1

Leia o título abaixo. Você sabe o que significa "mamulengo"? Agora, leia o texto.

Mamulengo

Nome dado ao teatro de bonecos também conhecido como marionetes, fantoches ou títeres, que, assim como o pastoril, o bumba meu boi e o fandango, é um dos mais ricos espetáculos populares do Nordeste brasileiro.

É uma representação de dramas através de bonecos, em pequeno palco elevado coberto por uma **empanada**, atrás do qual ficam as pessoas que dão vida e voz aos personagens. De acordo com a sua natureza os bonecos podem ser de luva, de vareta, de **haste**, de fio [...].

Os bonecos são conhecidos por diversos nomes em várias regiões do Brasil: Briguela ou João Minhoca, em Minas Gerais, São Paulo, Rio de Janeiro e Espírito Santo; João Redondo, no

Apresentação da trupe de mamulengos de Mestre Valdeck de Garanhuns, São Paulo, 2016.

Rio Grande do Norte; Mané Gostoso, na Bahia; Babau, na Paraíba e em alguns locais da zona da mata em Pernambuco, e também Benedito, em outras partes do Estado.

[...]

As "estórias" são geralmente improvisadas, com diálogos inventados na hora, de acordo com as circunstâncias e a reação do público, misturando bichos – cobras, bois, cachorros, onças – gente – vaqueiros, latifundiários, bandidos [...].

Pernambuco é o único estado onde se pode acompanhar com mais **precisão** a história do desenvolvimento do mamulengo no Brasil. Existem vários mamulengueiros ou titereiros famosos no Estado, como o Doutor Babau, Cheiroso (porque também fabricava perfumes baratos, além de bonecos), Mestre Ginú, entre outros.

> **GLOSSÁRIO**
>
> **Empanada:** barraca ou estrutura onde o mamulengueiro se oculta para manipular o boneco.
>
> **Haste:** peça, reta e erguida, de madeira ou metal, a que se pode prender alguma coisa.
>
> **Precisão:** exatidão, perfeição.

Lúcia Gaspar. Pesquisa Escolar *Online*. Recife: Fundação Joaquim Nabuco. Disponível em: http://basilio.fundaj.gov.br/pesquisaescolar/index.php?option=com_content&view=article&id=715. Acesso em: 5 jul. 2020.

BRINCANDO COM O TEXTO

1 O que é mamulengo?
_____
_____

2 O mamulengo também é conhecido por outros nomes. Quais são eles?
_____

3 No primeiro parágrafo, a autora compara o mamulengo a outros "dos mais ricos espetáculos populares do Nordeste brasileiro". Quais?
_____

4 Do que podem ser feitos os bonecos?
_____
_____
_____

BRINCANDO COM O APRENDIZADO

1 Complete o quadro a seguir.

Palavra	Tipo de encontro	Número de fonemas	Sílaba tônica	Classificação do número de sílabas
a) re**tr**ata				
b) P**au**lo				
c) amea**lh**ar				
d) **ia**te				

2 Classifique as palavras em substantivo comum ou próprio, concreto ou abstrato.

a) títeres: _____

b) Minas Gerais: _____

c) precisão: _____

d) bichos: _____

3 Identifique nas frases o substantivo **abstrato** e circule-o.

a) Maria reclamou da teimosia de Edson.

b) Dizer a verdade é sempre melhor que mentir.

c) Ele tem muita simpatia pelos colegas.

4 Utilize os prefixos **in-**, **im-** e **des-** para escrever o **antônimo** das palavras.

a) perfeito _____

b) visível _____

c) acordado _____

d) finito _____

e) paciente _____

f) elegante _____

g) justo _____

h) possível _____

A GRAMÁTICA

Formação dos substantivos

Leia as palavras a seguir.

laranja   laranjada

Laranja é um substantivo primitivo. **Laranjada** é um substantivo derivado.

> **Primitivo** é um substantivo a partir do qual se formam outras palavras.
> **Derivado** é o substantivo formado de um substantivo primitivo.

Agora leia esta frase.
O **carteiro** ouviu o **sabiá-laranjeira**.
Carteiro é um substantivo simples. **Sabiá-laranjeira** é um substantivo composto.

> **Substantivo simples** é aquele formado de uma só palavra.
> **Substantivo composto** é aquele formado por mais de uma palavra, ligadas ou não por hífen.

Outros exemplos de substantivos compostos: **girassol** (palavras juntas, formando uma só), **pé de moleque** (palavras separadas), **macaco-prego** (palavras ligadas por hífen).

ATIVIDADES

1 Escreva o substantivo primitivo destes derivados.

a) lixeira   b) livraria   c) cerejeira

2 Copie os substantivos do quadro nas colunas adequadas da tabela.

fruta	dentuço	carteiro	cabeleira
flor	escova	limonada	sabão
faca	peixada	garrafa	cadeira
porta	tinteiro	vidraceiro	sapateiro

Substantivos primitivos	Substantivos derivados

3 Sublinhe os substantivos **compostos**, que podem ou não estar unidos por hífen.

a) O dia a dia dela é bem agitado.

b) O beija-flor voou sobre o girassol.

c) O louva-a-deus está sobre a sempre-viva.

d) Eles viajaram em lua de mel.

e) Compramos pimenta-dedo-de-moça e pé de moleque.

4 Forme substantivos compostos juntando as palavras, sem usar hífen.

a) para + quedas _____

b) passa + tempo _____

c) auto + móvel _____

PESQUISANDO

1. Você se lembra dos tipos de boneco de mamulengo? De luva, de vareta, de haste ou de fio. Faça uma pesquisa para descobrir como cada um deles é feito e explique brevemente abaixo.

_____
_____
_____
_____

BRINCANDO COM A CRIATIVIDADE

Texto dramático

Agora, com os colegas, você criará uma peça de teatro de mamulengo.

Planejar e produzir

1. Em uma folha de papel à parte, desenhe o palco onde vão atuar os mamulengos. Veja o modelo ao lado.
2. Com os colegas, crie os personagens da peça e desenhe-os no palco.
3. Com os colegas e o professor, defina o enredo da peça, listando os acontecimentos principais e a ordem em que eles ocorrerão.
4. Em grupo, criem uma das cenas da peça, escrevendo as falas de cada um dos personagens participantes.

Reler, revisar e editar

1. Releia o texto verificando se a história segue uma sequência lógica. Observe, também, se as falas dos personagens são adequadas. Se for necessário, faça alterações no texto.

Compartilhar

1. Apresente a peça na sala de aula.

TEXTO 2

Observe a imagem abaixo. O que você acha que é?
Agora, leia o termo **mamulengo**.

.... **mamute**

crueldade; mau, perverso, cruel, desumano, malévolo. **2.** Que tem maldade ou malícia; mordaz: *Foi malvado em suas críticas.* • *s.m.* **3.** Pessoa malvada.

malversação (mal.ver.sa.ção) *s.f.* **1.** Ato de malversar. **2.** (*Jur.*) Apropriação indébita ou desvio fraudulento, por parte do administrador de valores ou bens, do patrimônio alheio, público ou privado. **3.** Administração ou gestão incompetente em que se malbaratam dinheiro e bens.

malversar (mal.ver.*sar*) *v.* **1.** Administrar mal, com incompetência, o patrimônio público ou privado; malbaratar: *malversar os cofres públicos.* **2.** Apropriar-se, indevida ou abusivamente, do patrimônio alheio; enriquecer fraudulentamente; dilapidar, desviar: *Malversou dinheiro dos fundos de pensão dos funcionários.* ▶ Conjug. 8.

malvisto (mal.*vis*.to) *adj.* Que goza de má fama; que é malconceituado; que não é bem aceito ou apreciado; malquisto: *Depois do escândalo em que esteve envolvido, ficou malvisto em sua roda de amigos.*

mama (ma.*ma*) *s.f.* **1.** (*Anat.*) Cada um dos órgãos do sistema reprodutor feminino que produzem leite para a amamentação dos filhos; glândula mamária; seio, peito. **2.** (*Zool.*) Órgão glandular dos mamíferos que, nas fêmeas, secreta o leite para as crias; teta. **3.** O período de amamentação.

mamada (ma.*ma*.da) *s.f.* **1.** Ato de mamar. **2.** Cada uma das ocasiões em que se amamenta. **3.** Quantidade de leite ingerida numa mamada (2).

mamadeira (ma.ma.*dei*.ra) *s.f.* Frasco pequeno de vidro ou de plástico, com bico de borracha, usado para amamentar as crianças.

mamãe (ma.*mãe*) *s.f. fam.* Tratamento que se dá à própria mãe.

mamão (ma.*mão*) *s.m.* (*Bot.*) Fruto de forma oblonga, de casca amarelada quando maduro e de polpa comestível alaranjada.

mamar (ma.*mar*) *v.* **1.** Sugar leite (da mama, teta ou da mamadeira); amamentar-se: *Mamou todo o leite da mamadeira; Os filhotes mamavam nas tetas da mãe; Os bebês choram quando querem mamar.* **2.** *fig. coloq.* Apropriar(-se) indevidamente de (especialmente dinheiro público); tirar lucros ilícitos; explorar, roubar: *Os maus políticos querem mamar nas tetas do governo.* ▶ Conjug. 5.

mamário (ma.*má*.ri:o) *adj.* Relativo a mama: *glândula mamária.*

mamata (ma.*ma*.ta) *s.f. coloq.* **1.** Empresa em que se auferem lucros ilícitos, por meio de fraude, suborno, roubo etc. **2.** O procedimento desonesto com que são obtidos esses lucros; negociata.

mambembe (mam.*bem*.be) *s.m.* **1.** (*Teat.*) Companhia teatral ambulante, geralmente de atores amadores. • *adj.* **2.** Que trabalha nesta modalidade de teatro: *artista mambembe.* **3.** *coloq.* De pouca qualidade ou de pouco valor; ordinário, reles: *uma construção mambembe.*

mambo (mam.bo) *s.m.* (*Mús.*) Música e dança originárias de Cuba, com ritmo vivo de influência africana, muito popular internacionalmente nas décadas de 40 e 50 do século XX.

mameluco (ma.me.*lu*.co) *adj.* Mestiço de branco com índio ou de branco com caboclo.

mamífero (ma.*mí*.fe.ro) *adj.* **1.** Que pertence à grande classe de animais vertebrados, caracterizado pela fecundação interna e pela presença de glândulas mamárias, que permitem às fêmeas amamentarem suas crias. • *s.m.* **2.** Animal mamífero.

mamilo (ma.*mi*.lo) *s.m.* (*Anat.*) Parte central da glândula mamária, de onde é secretado o leite; bico do peito; maminha, teta.

maminha (ma.*mi*.nha) *s.f.* **1.** Pequena mama. **2.** Mamilo. **3.** Parte mais macia da alcatra bovina.

mamoeiro (ma.mo:*ei*.ro) *s.m.* (*Bot.*) Árvore que produz o mamão.

mamografia (ma.mo.gra.*fi*.a) *s.f.* Radiografia da mama para a qual não se usa contraste, sendo feita com equipamento especial de raios X.

mamona (ma.*mo*.na) *s.f.* **1.** (*Bot.*) Arbusto nativo da África e do Oriente Médio, transplantado em países tropicais, de cuja semente se extrai o óleo de rícino e também um óleo biocombustível alternativo à gasolina usada nos veículos automotores; mamoneiro, carrapateira. **2.** O fruto desse arbusto.

mamoneira (ma.mo.*nei*.ra) *s.f.* (*Bot.*) Mamona; carrapateira.

mamulengo (ma.mu.*len*.go) *s.m.* (*Teat.*) **1.** Marionete, fantoche. **2.** Espetáculo feito com marionetes, geralmente uma crítica bem-humorada de fatos e pessoas.

mamute (ma.*mu*.te) *s.m.* (*Zool.*) Animal pré-histórico de grande porte, dotado de longas

815

Academia Brasileira de Letras. *Dicionário escolar da língua portuguesa.* São Paulo: Companhia Editora Nacional, 2008. p. 815.

BRINCANDO COM O TEXTO

1 Logo após a apresentação do termo "mamulengo", segue-se sua repetição entre parênteses. Responda:

a) Por que essa palavra aparece separada por pontos?
_____
_____

b) Faça o mesmo com as palavras abaixo.
- marionete
- pessoa
- cachorro
_____

- pastoril
- minhoca
- latifundiário
_____

c) A parte "len", na separação silábica, está destacada em relação às demais. O que isso significa?
_____

d) Qual seria a parte destacada nas palavras do item **b**?
_____
_____

2 Releia o seguinte trecho:

mamulengo (ma.mu.*len*.go) s.m.

a) O que a abreviação "s.m." significa?
_____

b) Quais dos termos abaixo também podem receber a classificação "s.m."?
- ☐ nome
- ☐ dramas
- ☐ bonecos
- ☐ teatro
- ☐ luva
- ☐ regiões
- ☐ representação
- ☐ natureza

3 Observe que há no verbete uma numeração. O que ela indica?
_____

ORTOGRAFIA

Palavras com s ou ss

1 Complete o diagrama com as palavras do quadro.

> bolsa   camisa   ganso   travesseiro   sacola   sino   vassoura

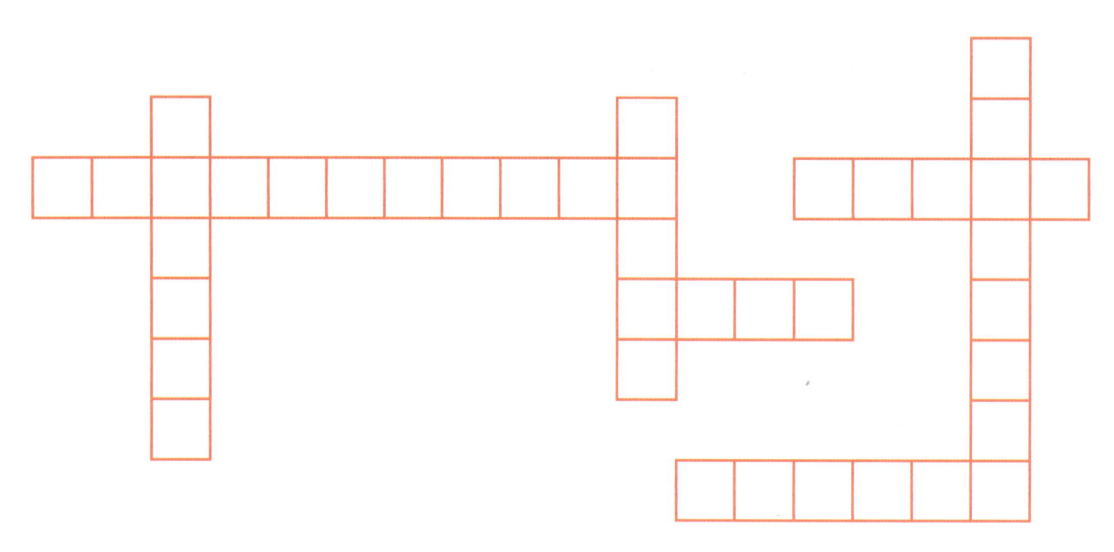

2 Separe as palavras em sílabas.

a) sabonete _____

b) sessenta _____

c) assim _____

d) cansado _____

e) passageiro _____

f) assinatura _____

g) passado _____

h) profissional _____

3 Complete as palavras com **s** ou **ss**.

a) intere ____ e

b) ____ axofone

c) pa ____ eio

d) ____ímbolo

e) ____ o ____ ego

f) dino ____ auro

g) con ____ ulta

h) progre ____ o

i) apre ____ ado

j) confu ____ ão

k) compromi ____ o

l) conver ____ a

m) impre ____ ão

n) belí ____ imo

o) man ____ o

PEQUENO CIDADÃO

Ontem e hoje: as diferentes formas de comunicação

A comunicação é importante para as relações entre as pessoas.

Além de precisar se comunicar, o ser humano gosta de se expressar e faz isso de diversas formas. Vamos recordar algumas delas?

1 Complete as frases com as diferentes formas de comunicação mencionadas abaixo.

- TV colorida
- cartas
- *notebook*
- *e-mails*
- celular
- computador
- TV em preto e branco
- telefone fixo

a) Antes as pessoas escreviam _____, hoje, _____.

b) Meu avô via _____, hoje eu vejo _____.

c) Antes de existir o _____, as pessoas usavam o _____.

d) Hoje existe o _____, mas antes era só o _____.

2 Agora invente uma frase relacionando dois meios de comunicação que você conhece.

_____
_____
_____
_____

ORALIDADE

Aula

1. Você lecionará uma aula para os colegas a respeito do tema "formas de comunicação". Cada aluno ficará encarregado de um meio de comunicação, do passado ou do presente, como os sugeridos na atividade anterior.
2. Prepare-se para sua aula estudando a fundo o tema que você abordará. Pesquise em livros, revistas e na internet. Você deve saber mais sobre o assunto que apresentará em sala, para poder responder às dúvidas que surgirem.
3. Após a pesquisa, faça um plano de aula para organizar o tempo. Use o modelo a seguir:

PLANO DE AULA		
Data:		
Tema da aula:		
Objetivo:		
Duração: (Tempo para cada atividade)	**Conteúdo:** (Descrever o conteúdo a ser trabalhado)	**Material/equipamento usado:** (Materiais necessários para fazer a atividade)

4. Lembre-se de diversificar a aula: você pode separar um tempo para expor o tema, outro para os alunos fazerem atividades, mais um momento para a correção e, por fim, a conclusão da aula.
5. Você pode usar qualquer recurso disponível, como o quadro, o *Datashow*, vídeos, imagens etc.
6. Sua aula poderá ter vários formatos: você pode expor o tema e partir para as atividades, ou pode iniciar a aula com perguntas, a fim de investigar o conhecimento prévio dos alunos.
7. Esteja pronto para responder às dúvidas dos alunos. Boa aula, professor!

BRINCANDO

1 Pinte o desenho e descubra em que parte da cena aparecem os detalhes ampliados abaixo. Indique-os com uma seta.

BRINCANDO COM A CRIATIVIDADE

Narrativa

Em uma folha de papel à parte e sem seu nome, crie uma história para o desenho acima.

Planejar e produzir

1. A história deve incluir as seguintes informações:
   - Onde as crianças estão e o que estão fazendo? Como elas se chamam?
   - Por que há tantos animais com elas?
   - O que está para acontecer com as crianças e com os animais?

Reler, revisar e editar

1. Releia o texto e observe se os acontecimentos se encadeiam de maneira a atrair a atenção do leitor. Se achar necessário, modifique o texto.

Compartilhar

1. Você e os colegas lerão a história para toda a classe. Assim, poderão comparar as diversas versões criadas a partir de um mesmo desenho.

UNIDADE 9

TEXTO 1

Leia o título abaixo. Você sabe onde vivem os ursos brancos? Agora leia o texto com os colegas.

Um urso branco em Nova York

[...]

– Vocês devem estar se perguntando por que hoje eu vim aqui, nesse fim de mundo, contar essa história. [...] E como cheguei aqui na sede da **ONU**, no setor leste de **Manhattan** – Kim olhou ao redor de si enquanto falava.

[...]

Todos que haviam sido convocados estavam sentados em suas cadeiras de veludo e tinham os cabelos arrepiados e um certo medo brilhando nos olhos; afinal, um animal selvagem discursava ali... Eram presidentes, ministros, reis e rainhas. Soldados fortemente armados impediam a saída e a entrada de pessoas. A porta permanecia fechada. Ninguém ultrapassava o limite de segurança.

Kim tinha sido recolhido por um helicóptero, na noite anterior, no Central Park, o mais famoso da cidade de Nova York, perto do lago congelado e da ponte Bow. [...] Vinha como mensageiro do Ártico e foi recebido com todas as honras de um chefe de estado.

[...]

GLOSSÁRIO

Boreal: relativo ao extremo norte do planeta.
Épico: heroico.
Manhattan: distrito de Nova York, cidade dos Estados Unidos.
ONU: Organização das Nações Unidas.

Deu um passo à frente e sua voz se ergueu quando disse que estava acontecendo uma elevação da temperatura e que o derretimento das camadas de gelo seria a principal causa do aumento do nível do mar. A espera foi longa. Ninguém falou nada.

Kim agora tinha consciência de que teria que acrescentar muitos elementos nessa batalha e pela primeira vez nessa jornada **épica** ele temeu que talvez não conseguisse brilhar como seus amigos do Ártico esperavam.

Com um movimento rápido das patas fazendo um novo caminho na sala, contou que a foca anelada estava ficando sem as grutas onde engordavam seus filhotes e assim poderia desaparecer. Em seguida explicou que o inverno **boreal** não era o mesmo e que os ursos polares poderiam deixar de existir em vinte anos. Então ele refletiu por um momento enquanto todos ouviam ainda em silêncio. Levantou a cabeça, enxugou os olhos molhados e disse:

– Quando vocês vão olhar para a natureza e dizer: "NÓS ESTAMOS ERRADOS"? Quantos animais precisam desaparecer para isso se tornar uma injustiça?

Uma corrente de incertezas tomou conta do tempo. Agora todas as vozes se misturavam de uma maneira suave. Haviam sido duas mil palavras.

E agora Kim esperava com o coração acelerado a resposta.

[...]

Jussara Braga. *Um urso branco em Nova York*. São Paulo: Editora do Brasil, 2014. p. 15-16 e 29-30.

BRINCANDO COM O TEXTO

1 Você sabe o que é a ONU (Organização das Nações Unidas)? Defina-a com suas palavras. Se necessário, faça uma pesquisa.

_____
_____
_____
_____

2 Assinale as afirmações verdadeiras sobre o texto.

a) O nome do personagem principal é:

☐ Paul. ☐ Urso-Polar.
☐ Kevin. ☐ Kim.

b) O personagem foi transportado em:

☐ um avião.   ☐ um caminhão.
☐ um helicóptero. ☐ um navio.

3 Por que o urso-polar Kim foi a Nova York?

_____
_____
_____
_____

4 Segundo Kim, qual seria a principal consequência do derretimento das camadas de gelo?

_____
_____

5 Qual foi a reação das pessoas depois do discurso de Kim sobre a elevação de temperatura no Polo Norte?

_____
_____
_____
_____
_____
_____

6 Releia o penúltimo parágrafo do texto e responda: Você concorda que os seres humanos precisam reconhecer que estão errados? Por quê?

_____
_____
_____
_____
_____
_____

7 Escreva as informações do quadro na imagem correta.

> urso-polar   panda   urso-pardo

_____   _____   _____

ATIVIDADES

1 Complete o quadro com substantivos retirados do Texto 1.

Três substantivos próprios	Três substantivos comuns e abstratos	Três substantivos comuns e concretos
_____	_____	_____
_____	_____	_____
_____	_____	_____

2 Escreva o nome das imagens.

a) _____

b) _____

c) _____

3 Copie as palavras da atividade 2 nos espaços adequados e forme substantivos compostos.

a) beija- _____   b) _____ -íris   c) _____ -do-mar

4 Relacione cada item ao tipo de frase correspondente.

a) afirmativa
b) negativa
c) interrogativa
d) exclamativa
e) imperativa

☐ Procure gastar menos!
☐ Quero ir à feira.
☐ Onde você está?
☐ Não gosto de correr.
☐ Ah! Eu queria brincar!
☐ O barco não partiu.

GRAMÁTICA

Artigo

a caneca – **uma** caneca

as canecas – **umas** canecas

o periquito – **um** periquito

os periquitos – **uns** periquitos

As palavras **o**, **a**, **os**, **as**, **um**, **uma**, **uns**, **umas** nos exemplos acima são **artigos**.

Os artigos podem ser **definidos** ou **indefinidos**.

> **Definidos**: o – a – os – as
> (usados para dar um sentido preciso ao substantivo).
> **Indefinidos**: um – uma – uns – umas

Outros exemplos:
A paisagem é bonita.
Uns carros estão novos e **os** outros estão velhos.

ATIVIDADES

1 Classifique os artigos abaixo em **D** (definido) ou **I** (indefinido).

☐ o pedaço

☐ umas balas

☐ uma escada

☐ a costela

☐ uns pardais

☐ o esquadro

☐ a janela

☐ uns ovos

2 Escreva o nome dos objetos acompanhados dos artigos definidos: **o**, **a**, **os** ou **as**.

a) _____

b) _____

c) _____

d) _____

e) _____

f) _____

3 Complete com artigos indefinidos.

a) Tenho _____ balas para você.

b) Vou levar _____ cajus para vovó.

c) Comprei _____ vestido para Vera.

d) Comprei _____ frutas para titia.

e) Tomei _____ limonada gostosa.

f) José ganhou _____ bicicleta.

4 Complete as frases com artigos definidos.

a) ____ cachorro arranhou ____ sofá e ____ cadeira.

b) ____ menina e ____ avô viram ____ novela.

c) ____ pombos pousaram na árvore.

d) ____ canecas e ____ copos estão no escorredor.

BRINCANDO COM A CRIATIVIDADE

Entrevista

Você já leu uma entrevista em algum jornal ou revista? Geralmente ela é composta de perguntas a alguém (o entrevistado) que responde a um jornalista ou repórter (entrevistador). Com um colega, imagine que vocês são jornalistas e entrevistarão Kim, o urso-polar.

Planejar e produzir

1. Pensem em perguntas que vocês gostariam de fazer a ele e escrevam-nas em uma folha à parte.
2. Individualmente, invente respostas para as perguntas como se você fosse Kim e escreva-as no caderno. Use a criatividade!

Reler, revisar e editar

1. Revise as respostas que você criou. Veja se elas são interessantes!
2. Troque de texto com o colega e revise o texto dele.

Compartilhar

1. Por fim, troque de caderno com o colega e compare as respostas dele com as suas. Ficaram parecidas ou diferentes? Conversem a respeito.

BRINCANDO

1. Ligue os pontos e pinte os ursos-polares.

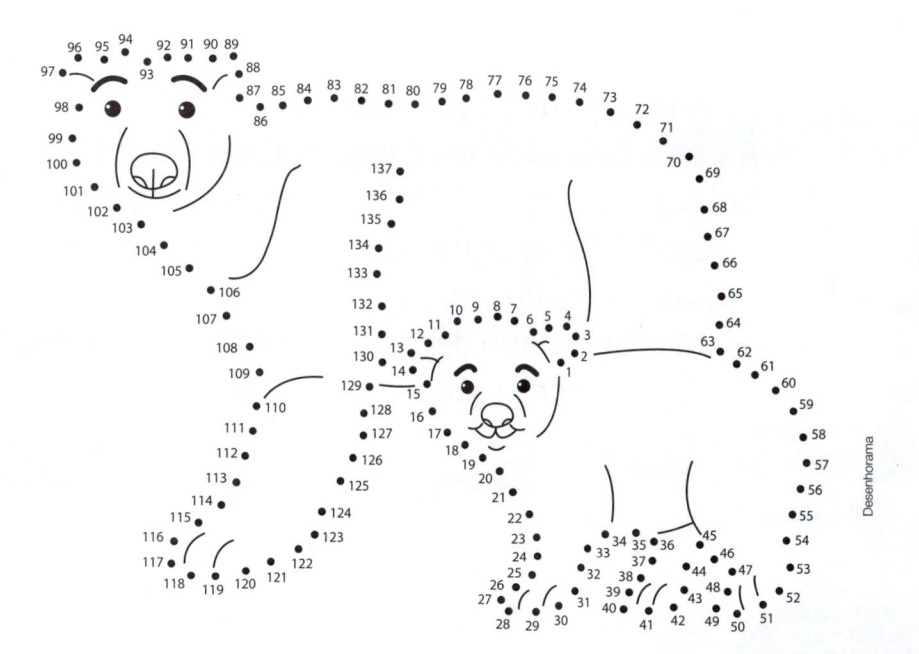

Desenhorama

TEXTO 2

Leia o título abaixo. Sobre o que parece que será a história? Agora leia o texto.

A Cidade Errada

Ali havia casas, sim. Mas os habitantes da cidade moravam na rua. Os automóveis e os carros andavam pelas calçadas e os bichos pelo meio da rua. Vocês pensam que os sapatos se vendiam nas sapatarias?

Qual nada. Os sapatos cresciam como frutas nas árvores e eram os sapateiros que faziam as peras, as maçãs, as laranjas, as bananas e as outras frutas.

Os quatro aventureiros caminhavam pela rua, de boca aberta, olhando para tudo, muito espantados. Linguicinha apontou para o alto.

– Olhem lá! – Olharam. Era um bando de peixes, voando como passarinhos.

Pela calçada passou um camundongo de cartola cantando com voz de leão. À porta dois cachorros estavam atracados a bofetadas. Sabugo quis apartá-los, mas um pato que ia passando gritou:

– Alto lá! Não vê que esses dois cachorros são amigos? Estão trocando carinhos.

– Mas que diabo de cidade é esta? – perguntou Gato Pingado.

– É a Cidade Errada – respondeu o pato.

Erico Verissimo. *Outra vez os três porquinhos.*
São Paulo: Companhia das Letrinhas, 2003.

BRINCANDO COM O TEXTO

1) Por que a cidade em que a história se passa chama-se Cidade Errada?
_____
_____

2) Relacione os elementos da história.

a) Os bichos ⬜ cresciam como frutas nas árvores.

b) O camundongo ⬜ andavam pelo meio da rua.

c) Os sapatos ⬜ andavam pelas calçadas.

d) Os peixes ⬜ cantava com voz de leão.

e) Os automóveis ⬜ faziam as frutas.

f) Os sapateiros ⬜ voavam como passarinhos.

3) Que personagem se surpreendeu ao ver peixes voadores?

⬜ Sabugo.   ⬜ Gato Pingado.   ⬜ Linguicinha.

4) Que personagem quis separar os dois cães? Que palavras foram usadas para dizer que os cães estavam brigando?
_____
_____

5) Você gostaria de morar na Cidade Errada? Por quê?
_____
_____
_____
_____
_____

ORTOGRAFIA

Palavras com l ou u

1 Escreva o nome das imagens.

a) _____

b) _____

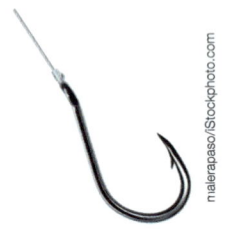

c) _____

d) _____

e) _____

f) _____

2 Complete as palavras com **l** ou **u**.

a) po ____ co
b) ca ____ ma
c) mu ____ ta
d) cé ____
e) fie ____
f) acabo ____
g) cana ____
h) minga ____

3 Separe em sílabas as palavras.

a) embolsar _____
b) Romeu _____
c) caule _____
d) cauda _____
e) calda _____
f) roubalheira _____

4 Circule as palavras que não fazem parte dos conjuntos.

| almoço   filme |
| astronauta colcha |

| pastel   hotel |
| futebol   degrau |

GRAMÁTICA

Gênero dos substantivos

Observe as palavras a seguir.

As palavras **menina e menino** são exemplos de substantivos.
Os substantivos podem ser de gênero **masculino** ou **feminino**.
Antes dos substantivos masculinos, podemos usar **o**, **os**, **um**, **uns**.
Antes dos substantivos femininos, podemos usar **a**, **as**, **uma**, **umas**.
De modo geral, forma-se o feminino dos substantivos:

- trocando-se a letra **o** final pela letra **a**. Exemplos: gato – gata; pato – pata.
- acrescentando-se a letra **a** ao masculino. Exemplos: escritor – escritora; juiz – juíza.

Há substantivos que têm formas diferentes para o masculino e para o feminino.

Veja alguns exemplos.

anão – anã	**cidadão** – cidadã	**judeu** – judia
ateu – ateia	**conde** – condessa	**mandarim** – mandarina
ancião – anciã	**duque** – duquesa	**marido** – esposa
ator – atriz	**embaixador** – embaixadora	**padrasto** – madrasta
barão – baronesa	**escrivão** – escrivã	**papa** – papisa
carneiro – ovelha	**frade** – freira	**príncipe** – princesa
cavalheiro – dama	**genro** – nora	**rei** – rainha

ATIVIDADES

1 Forme o feminino trocando **o** por **a** nos artigos e nos substantivos.

a) o advogado _____

b) o amigo _____

c) o garoto _____

d) o macaco _____

e) o boneco _____

f) o sapo _____

g) o lobo _____

h) o deputado _____

i) o porco _____

j) o cozinheiro _____

k) o coelho _____

l) o médico _____

2 Forme o feminino acrescentando **a** aos artigos e aos substantivos.

a) um professor _____

b) um autor _____

c) um cantor _____

d) um doutor _____

e) um escritor _____

f) um francês _____

g) um japonês _____

h) um freguês _____

3 Escreva **a** ou **o** antes dos substantivos para indicar o gênero.

a) ____ bombom

b) ____ caderno

c) ____ criança

d) ____ flor

e) ____ avião

f) ____ computador

g) ____ casa

h) ____ cobertor

i) ____ castanha

j) ____ moeda

k) ____ faca

l) ____ avenida

4 Ligue o masculino ao respectivo feminino.

a) um pato   uma esposa
b) um cantor   uma madrinha
c) um rei   uma cantora
d) um esposo   uma rainha
e) um padrinho   uma pata

5 Escreva o nome das imagens e coloque o artigo para indicar o gênero dos substantivos.

a)

b)

c)

d)

e)

f)

g)

h)

i)

_____   _____   _____

BRINCANDO COM A CRIATIVIDADE

Anúncio

Imagine que você tem uma casa na Cidade Errada e pretende vendê-la. Vamos criar um anúncio para ela? Siga o passo a passo.

Planejar e produzir

1. Veja um exemplo de anúncio de venda:

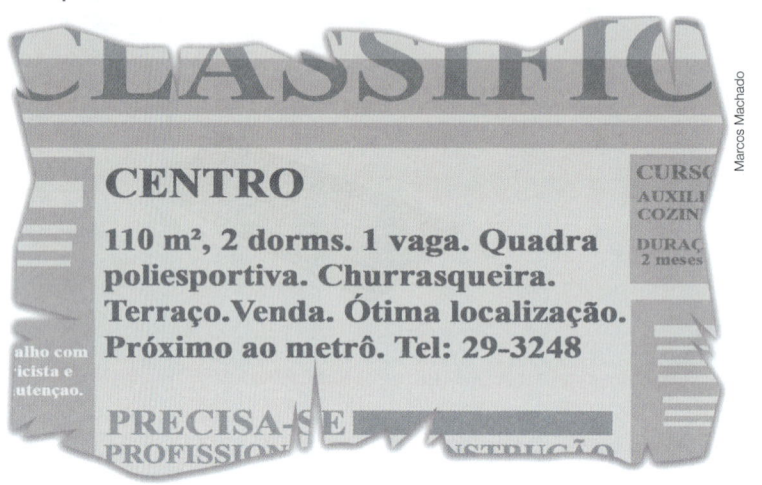

   CENTRO
   110 m², 2 dorms. 1 vaga. Quadra poliesportiva. Churrasqueira. Terraço. Venda. Ótima localização. Próximo ao metrô. Tel: 29-3248

2. Agora observe a ilustração ao lado.
3. Escreva, no caderno, seu anúncio de venda com as características da casa ilustrada.

Reler, revisar e editar

1. Releia o anúncio verificando se falta algum dado ou se alguma informação está errada.

Compartilhar

1. Com a ajuda do professor, criem, em um cartaz, uma seção de classificados como as dos jornais, listando todos os anúncios produzidos pela turma.

TEXTO 1

Leia o título do texto. Você já se mudou de cidade?
Agora, leia o texto abaixo.

Mudanças

Essa cidade é estranha. Muito estranha.
Pelo menos nisso, Vânia e Vítor concordavam. O que, aliás, era coisa rara.

A cidade parecia meio velha, esquisita. Mas, quando comentavam isso com o pai, ele logo argumentava que não era velha, era uma cidade cheia de histórias. Antiga. Que guardava um monte de segredos e paixões.

Eles riam, claro, afinal a cidade nem era tão antiga. Talvez, tivesse, no máximo, uns duzentos anos, mas era, simplesmente, um lugar muito diferente de onde viviam antes. Para os irmãos, era um lugar estranho.

A mudança tinha ocorrido há quase um ano, mas nem Vânia, nem Vítor haviam conseguido se enturmar de verdade. Não tinham amigos, só colegas de turma, de clube, o que, segundo eles, é muito diferente. Eram garotos e garotas com quem faziam trabalho de colégio, praticavam esportes ou tomavam um sorvete de vez em quando. Mas não eram amigos. Não daquele tipo para quem se pode contar segredo, chorar no ombro, rir de nada.

Por outro lado, os irmãos não tinham coragem de reclamar demais e combinaram que iam tentar se adaptar a essa nova situação. Dentro do possível, é claro.

O problema é que essa mudança não foi, exatamente, **voluntária**. O pai ficara desempregado durante meses. Não conseguia nada e já estava ficando meio deprimido. Até que, um dia, finalmente foi chamado para esse trabalho. Ele ficou tão feliz, tão animado, que não passou pela cabeça dos filhos questionar o fato de precisarem mudar de cidade e deixar para trás a casa, os amigos, a família.

O que nenhum dos dois poderia imaginar era que a mudança seria tão radical. Eles moravam num **condomínio** moderno, com piscina, quadra de futebol, sala de ginástica, salão de festas e todas essas coisas legais. De uma semana para outra, foram parar num prédio antiguinho de três andares, parado no tempo e que nem sequer tem elevador!

E, é claro, lei de Murphy: o apartamento deles ficava no último andar.

Isso porque o pai resolveu que seria uma "ótima experiência" morarem no que é chamado de "**centro histórico**" da cidade. Ou seja, não apenas o edifício onde moram é antiguinho: TUDO em volta parece ter mais de cem anos! Às vezes, até as pessoas! – como diz Vítor.

[...]

O fato é que, naquele quase um ano em que a família estava morando ali, Vânia e Vítor não haviam conseguido se adaptar totalmente. [...]

Sandra Pina. *Velhas histórias guardadas*. São Paulo: Editora do Brasil, 2017. p. 9-13.

GLOSSÁRIO

Centro histórico: lugar central e de origem de uma cidade, onde estão as construções antigas que fazem parte de sua história.

Condomínio: conjunto de casas ou prédios em que vivem muitas famílias.

Voluntário: fazer algo por vontade própria.

BRINCANDO COM O TEXTO

1 Do que trata o texto que você acabou de ler?
_____
_____

2 Qual é o parentesco entre Vânia e Vítor? Retire do texto um trecho que comprove sua resposta.
_____
_____
_____
_____
_____

3 Escreva **F** nas frases falsas e **V** nas verdadeiras para as afirmações abaixo.

☐ Vânia e Vítor, antes da mudança, moravam em um prédio antigo de três andares.

☐ A família precisou mudar de cidade, pois o pai arrumou um novo trabalho, depois de muito tempo desempregado.

☐ Os irmãos não gostaram da nova cidade e a acharam estranha, pois ela era muito antiga.

☐ Vânia e Vítor conquistaram muitos amigos na nova cidade.

☐ Depois de um ano, os irmãos ainda não haviam se adaptado à nova cidade.

4 Converse com os colegas e o professor sobre o significado da "lei de Murphy" no texto.

5 Você já precisou mudar de casa, cidade ou país? Se sim, como foi sua adaptação e como você se sentiu? Se não, imagine como seria. Converse sobre isso com os colegas e o professor.

ATIVIDADES

1 Passe as frases para o plural.

a) O portão tem um aviso: "cão feroz".
_____

b) Haverá eleição municipal, estadual e federal.
_____

2 Reescreva as frases substituindo os termos destacados por substantivos coletivos.

a) A **plantação de café** está linda.
_____

b) O **grupo de elefantes** está com sede.
_____

3 Escreva substantivos derivados das palavras a seguir.

a) jardim

_____

b) terra

_____

c) galinha

_____

d) fruta

_____

4 Escreva os substantivos primitivos dos substantivos a seguir.

a) livreiro
_____

b) florista
_____

c) pedreiro
_____

d) ferrugem
_____

GRAMÁTICA

Mais sobre o gênero dos substantivos

Leia os exemplos.

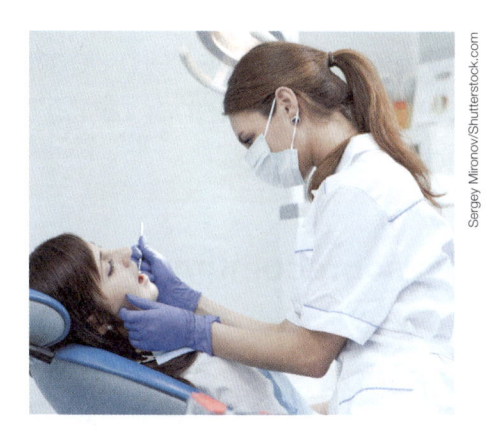

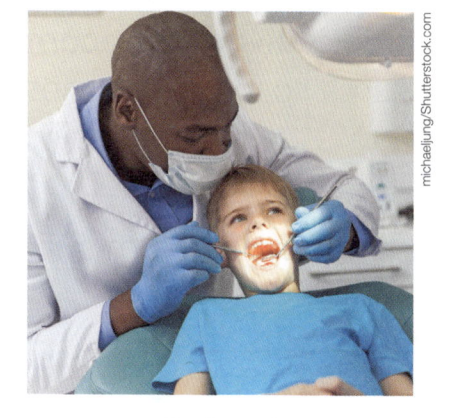

A dentista.   **O** dentista.

A palavra **dentista** é igual para os dois gêneros: masculino e feminino. Substantivos como esse são chamados **comuns de dois gêneros**. A palavra é a mesma, mas o artigo pode ser **o** ou **a**.

> **Substantivos comuns de dois gêneros** são aqueles que têm só uma forma para o **masculino** e para o **feminino**. A distinção entre os gêneros é feita pelo **artigo**.

Veja a seguir outros exemplos de substantivos comuns de dois gêneros.

o jovem	**a** jovem	**o** concertista	**a** concertista
o pianista	**a** pianista	**o** estudante	**a** estudante
o servente	**a** servente	**o** regente	**a** regente

Há também os substantivos **epicenos**.

> **Substantivos epicenos** são aqueles que apresentam a mesma forma e o mesmo artigo para os dois gêneros. Eles são usados sempre para nomear animais.

A esses substantivos acrescentam-se as palavras **macho** ou **fêmea** para indicar o sexo. O artigo não muda.

Exemplos: **o** golfinho-**macho**, o golfinho-**fêmea**; a baleia-**macho**, **a** baleia-**fêmea**.

Por fim, existem os chamados substantivos **sobrecomuns**.

> **Substantivos sobrecomuns** são aqueles que têm sempre uma só forma e o mesmo artigo para designar tanto o masculino como o feminino.

A palavra **criança** é um **substantivo sobrecomum**. Veja outros exemplos a seguir.

o ente	o monstro	o verdugo
o anjo	a pessoa	a criatura
o cônjuge	o membro	a vítima
o apóstolo	o indivíduo	a testemunha

ATIVIDADES

1 Classifique os substantivos de acordo com a legenda.

① Comum de dois gêneros   ② Sobrecomum   ③ Epiceno

☐ o membro   ☐ a testemunha   ☐ o anjo   ☐ o/a artista
☐ a formiga   ☐ o monstro   ☐ o polvo   ☐ a cobra

2 Escreva os artigos definidos de acordo com o gênero dos substantivos.

a) ___ regente
b) ___ vítima
c) ___ monstro
d) ___ gênio
e) ___ indivíduo
f) ___ pianista
g) ___ estudante
h) ___ ser
i) ___ especialista
j) ___ criatura
k) ___ camarada
l) ___ ídolo

ORTOGRAFIA

Emprego de am e ão

1) Copie os verbos destacados na coluna correta, de acordo com o tempo verbal.

a) As universidades **liberaram** as listas de aprovados.

b) Os carros dos clientes **serão** multados.

c) Os ciclistas **participaram** da corrida.

d) Roberto e Francisco **viajarão** de trem.

Futuro	Pretérito

2) Complete o final dos verbos sempre na 3ª pessoa do plural, de acordo com o tempo verbal indicado.

a) partir _____ (futuro)

b) cavar _____ (pretérito)

c) estabelecer _____ (futuro)

d) beliscar _____ (pretérito)

3) Classifique as frases de acordo com os tempos verbais.

a) As bananas amadureceram rápido. _____

b) Os vizinhos comparecerão à reunião. _____

c) Rute comprou legumes e verduras. _____

d) Glória e Inês levaram frutas. _____

4) Complete as frases com os verbos no futuro ou no pretérito.

a) Geovana e a mãe _____ ao teatro ontem. (ir)

b) Os alunos _____ uma excursão no próximo mês. (fazer)

c) Os espectadores _____ o cantor. (ouvir)

BRINCANDO COM A CRIATIVIDADE

Entrevista

O que será que as pessoas têm lido ultimamente? Você fará uma pesquisa para descobrir. Siga as orientações.

Planejar

1. Escolha um grupo de pessoas de seu convívio para entrevistar.
2. Em uma folha de papel à parte, elabore um formulário para ajudá-lo a coletar informações de sua pesquisa.
3. Pense em questões que o ajudem a descobrir:
   - se os entrevistados leem bastante;
   - que tipo de leitura os entrevistados preferem (jornais, gibis, revistas, livros etc.);
   - se os entrevistados leem jornais diariamente;
   - se os entrevistados leem jornais impressos ou na internet;
   - o que eles acham que poderia ser feito para incentivar a leitura de livros;
   - qual é o livro preferido dos entrevistados.
4. Escreva, nas linhas a seguir, as perguntas que você fará aos entrevistados.

   _____

   _____

Produzir

1. Na hora de fazer a pesquisa, tenha em mãos o formulário e uma caneta ou lápis para anotar cuidadosamente os dados que coletar.

Reler, revisar e editar

1. Terminada a pesquisa, faça um estudo dos dados encontrados, contabilizando as respostas mais frequentes. Faça um texto para apresentar os resultados.
2. Releia a pesquisa e o texto, verificando se não houve nenhum equívoco. Se necessário, faça as devidas correções.

Compartilhar

1. Reúna o resultado de sua pesquisa e apresente-o à turma.

TEXTO 2

Observe o texto. O que parece que você lerá agora?
O que significa a expressão "ser do contra"?
Leia o poema a seguir.

Sou do contra

Não quero que mandem em mim –
A minha obediência tem fim!
Eu sou cabeçudo,
Estou contra tudo,
Só faço o que eu quero, isso sim!

[...]

Agora, entender não consigo
O que é que acontece comigo?
Me deixam sozinho
Como um porco-espinho!
Me tratam como a um inimigo!

[...]

Você é um babaca perfeito,
Teimoso, que não toma jeito,
E corre um perigo –
Ficar sem amigo!
Pra quem é DO CONTRA, bem-feito!

Tatiana Belinky. *Sou do contra*.
São Paulo: Editora do Brasil, 2015.
p. 5-6, 20, 23-24 e 27-28.

BRINCANDO COM O TEXTO

1 Sobre o que trata o poema?
___
___
___

2 O que você acha das atitudes do menino?
___
___
___
___

3 Em qual estrofe o menino percebe que há algo errado?
___
___
___
___

4 Releia o texto e marque um **X** na afirmação correta.

☐ O menino está sozinho porque acha que ninguém é tão bacana como ele.

☐ O menino não se sente sozinho porque não tem amigos.

☐ O menino está sozinho porque as pessoas não gostam de suas atitudes e se afastam dele.

5 Até a segunda estrofe, quem "fala" ou "pensa" no poema é o menino. Na última não é mais. Como isso pode ser percebido? Converse com o professor e os colegas.

6 Em sua opinião, seria possível mostrar ao menino formas melhores de agir sem chamá-lo de babaca e teimoso, por exemplo? Converse com o professor e os colegas.

ATIVIDADES

1 Forme substantivos compostos usando o hífen.

a) bem + casado = _____

b) mico + leão = _____

c) pega + pega = _____

d) boas + vindas = _____

2 Complete com a sílaba que falta.

a) certe _____

b) preci _____

c) an _____ oso

d) genero _____

e) _____ zinho

f) fi _____ mos

3 Reescreva as frases utilizando os acentos e sinais gráficos quando necessário.

a) Ligia esta muito engracada esta manha.

_____

b) Joao tem licenca para pilotar aviao.

_____

c) O avo limpou o comodo com muito animo.

_____

d) Debora fez bagunca com as micangas.

_____

4 Assinale com um **X** os substantivos comuns de dois gêneros.

☐ jovem   ☐ indígena   ☐ vítima

☐ dentista   ☐ jornalista   ☐ patriota

☐ testemunha   ☐ cliente   ☐ servente

☐ artista   ☐ adolescente   ☐ médico

GRAMÁTICA

Plural dos substantivos

Observe as imagens e as palavras.

Macaco. 　　　　　　　　Macacos.

A palavra **macaco** está no **singular**.
A palavra **macacos** está no **plural**.

A marca do plural dos substantivos é o **s**, isto é, geralmente o plural é formado acrescentando-se um **s** à palavra.

Contudo, nem todas as palavras formam o plural somente com o acréscimo do **s**. Algumas sofrem modificações em seu final. Veja, a seguir, o plural dos substantivos de acordo com sua terminação.

1. Substantivos terminados em **ão** fazem o plural de três modos:
ãos: irmão – irmãos　　**ães**: pão – pães　　**ões**: avião – aviões
Veja, a seguir, o plural de mais palavras terminadas em **ão**.

alemão – alemães	**cão** – cães	**ladrão** – ladrões
anão – anões	**chão** – chãos	**limão** – limões
ancião – anciões, anciãos, anciães	**cidadão** – cidadãos	**mamão** – mamões
	cristão – cristãos	**órfão** – órfãos
avião – aviões	**escrivão** – escrivães	**pão** – pães
barão – barões	**gavião** – gaviões	**pavão** – pavões
bênção – bênçãos		

2. Substantivos terminados em **m** fazem o plural mudando o **m** para **ns**: jovem – jovens.

3. Substantivos terminados em **r** e **z** fazem o plural acrescentando-se **es**: dor – dores; chafariz – chafarizes.
4. Substantivos terminados em **s** fazem o plural de dois modos. Veja.
    - Se forem **oxítonos**, acrescenta-se **es**: norueguês – noruegueses.
    - Se forem **paroxítonos**, ficam **invariáveis**: lápis.
5. Substantivos terminados em **al**, **el** e **ol** fazem o plural trocando o **l** por **is**: animal – animais; papel – papéis; lençol – lençóis.
6. Substantivos terminados em **il** fazem o plural de dois modos. Observe.
    - Se forem **oxítonos**, o **il** torna-se **is**: barril – barris.
    - Se forem **paroxítonos**, o **il** torna-se **eis**: fóssil – fósseis.

ATIVIDADES

1 Escreva o plural das palavras.

a) gás _____

b) mês _____

c) anzol _____

d) rapaz _____

e) pires _____

f) cartaz _____

g) lençol _____

h) mão _____

2 Passe as frases para o singular.

a) Os gaviões comeram os pães.

_____

_____

_____

b) Os aviões voaram pelas cidades alemãs.

_____

_____

_____

3 Coloque **o/um** ou **a/uma** e escreva o plural.

a) _____ ordem _____

b) _____ animal _____

c) _____ vagem _____

4 Escreva o nome das imagens no singular e no plural.

a) _____
_____

b) _____
_____

c) _____
_____

d) _____
_____

e) _____
_____

f) _____
_____

5 Complete as frases com o plural das palavras do quadro.

| rouxinol | cão | mamão | túnel |
| maçã | papel | réptil | tubarão |

a) Na feira, comprei _____ e _____.

b) A veterinária adora _____, _____ e _____.

c) Os _____ voaram rapidamente.

d) Os _____ foram projetados nos _____.

6 Complete o diagrama de palavras, apenas na vertical, com o plural dos substantivos do quadro.

pincel	botão	pão	mamão
barril	mão	flor	anão
lençol	funil	carretel	avião
limão	cão	violão	bombom

P L U R A L   D O S   S U B S T A N T I V O S

7 Procure no diagrama a seguir seis substantivos terminados em **il** e escreva-os no plural.

a) _____
b) _____
c) _____
d) _____
e) _____
f) _____

E	T	C	Q	I	R	E	F	I	L	R	T	P	Ç
Q	G	A	W	O	O	A	B	Q	T	H	E	F	G
U	H	N	O	U	R	I	V	C	A	N	T	I	L
A	O	I	G	S	E	K	Z	A	H	U	Q	P	T
D	U	L	E	D	I	M	Í	S	S	I	L	B	V
R	E	Y	P	F	U	J	P	S	J	K	E	T	I
I	S	S	R	É	P	T	I	L	A	B	Q	Ã	Ç
L	K	X	U	G	F	B	I	X	P	J	Ã	V	B

ORALIDADE

Sarau

1. Imagine que o menino do texto *Sou do contra* é seu amigo. Reúna-se em grupo e, juntos, escrevam um poema para ele incentivando-o a ser educado, respeitoso e gentil com as pessoas.
2. Depois de escrever o poema, é hora de se preparar para um sarau. A leitura do poema será dividida entre os participantes do grupo, de modo que cada um lerá uma parte. Ensaie a leitura com seu grupo em voz alta.
3. Na hora da apresentação, o grupo deve se posicionar de frente para os colegas da sala.
4. Caso você tenha memorizado sua parte, poderá declamar o poema sem ler. Não se esqueça de falar em um tom de voz adequado e de modo claro.
5. Aproveite o momento para escutar os poemas criados por outros colegas.

BRINCANDO

1. Em uma folha de papel à parte, monte um código de sinais para que um colega descubra o nome de seu livro preferido. No modelo a seguir, você vai descobrir o nome de um livro sobre imigrantes poloneses que vieram morar no Brasil.

TEXTO 1

Observando o título e a estrutura do texto, o que você acha que lerá agora? Leia o texto a seguir.

A raposa e o bode

Uma raposa meteu-se num poço fundo e não havia meios de sair de dentro dele. Um bode sedento aproximou-se e viu a raposa.

– Amiga raposa – perguntou –, que é que você faz aí?

A raposa não quis passar por tola e respondeu:

– Entrei aqui para beber esta água deliciosa! Como você é meu amigo, deixarei beber também.

O bode estava com tanta sede que nem refletiu; atirou-se dentro do poço.

Imediatamente, a raposa saltou na garupa do bode, subiu pelos chifres do bode e saiu do poço.

– Agora ajude-me a sair! – gritou o bode.

A raposa gritou para dentro do poço:

– Se você tivesse miolos dentro da cabeça, em vez de chifres, não teria saltado dentro do poço sem pensar em como sair!

"Antes de agir, pense no que vai fazer."

Guilherme Figueiredo. *Fábulas de Esopo*. São Paulo: Ediouro, 2005. p. 9.

BRINCANDO COM O TEXTO

1 Quem são os personagens do texto?
_____

2 O que aconteceu com a raposa?
_____
_____

3 O bode acreditou na explicação da raposa? Cite uma parte do texto que comprove sua resposta.
_____
_____
_____

4 Assinale a alternativa correta. No momento em que o bode caiu no poço:

☐ ele comeu as ervas de dentro do poço.

☐ ele e a raposa brigaram.

☐ a raposa escalou suas costas e saiu do poço.

5 Releia a última fala da raposa e explique-a.
_____
_____
_____

6 Circule a moral da fábula.

7 Converse com os colegas e o professor sobre as questões a seguir.

a) Quem foi mais tolo, a raposa ou o bode? Por quê?

b) Você costuma refletir antes de tomar uma decisão?

c) O que pode acontecer às pessoas que não refletem antes de agir?

ATIVIDADES

1 Escreva os substantivos indicados a seguir.

a) Um substantivo próprio: _____.

b) Um substantivo coletivo: _____.

c) Um substantivo epiceno: _____.

2 Classifique as palavras quanto ao número de sílabas e à tonicidade.

		Número de sílabas	Tonicidade
a)	parábola		
b)	romance		
c)	fácil		
d)	quartel		
e)	cidade		
f)	jornal		

3 Escreva as palavras no plural.

a) flor lilás _____

b) carro veloz _____

c) amigo fiel _____

d) cachorro leal _____

e) canal infantil _____

4 Complete as palavras com **l** ou **u**.

a) a ___ fabeto

b) carrete ___

c) a ___ çapão

d) a ___ mento

e) sina ___

f) sa ___ dade

g) minga ___

h) cá ___ culo

GRAMÁTICA

Plural dos substantivos compostos

Leia a frase a seguir.
Ele abriu o **guarda-chuva**.
A palavra **guarda-chuva** é um **substantivo composto**.
Para fazer o plural dos substantivos compostos, devemos observar algumas regras. Veja a seguir.

- **Dois substantivos** – os dois elementos vão para o plural: erva-doce, ervas-doces; terça-feira, terças-feiras.

- **Substantivo e adjetivo** – os dois elementos vão para o plural: amor-perfeito, amores-perfeitos.

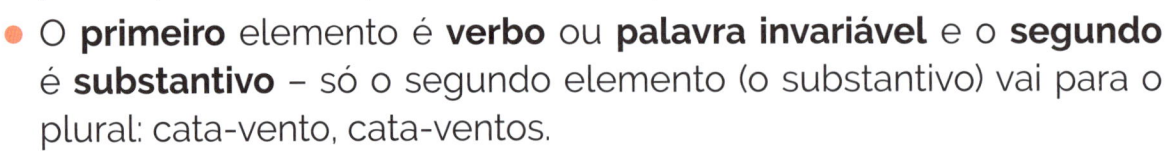

- O **primeiro** elemento é **verbo** ou **palavra invariável** e o **segundo** é **substantivo** – só o segundo elemento (o substantivo) vai para o plural: cata-vento, cata-ventos.

- **Dois elementos ligados por preposição** – só o primeiro elemento vai para o plural: água-de-colônia, águas-de-colônia.

Veja mais exemplos dessas regras a seguir.
Os **dois** elementos vão para o plural:

cirurgião-dentista	→	cirurgiões-dentistas
bom-dia	→	bons-dias
guarda-civil	→	guardas-civis
boa-fé	→	boas-fés
boa-nova	→	boas-novas
boa-noite	→	boas-noites

Só o **segundo** elemento vai para o plural:

ave-maria	→	ave-marias
bem-te-vi	→	bem-te-vis
para-choque	→	para-choques
recém-nascido	→	recém-nascidos

guarda-roupa	→	guarda-roupas
guarda-sol	→	guarda-sóis
quebra-cabeça	→	quebra-cabeças
salva-vida	→	salva-vidas

Só o **primeiro** elemento vai para o plural:

banana-ouro	→	bananas-ouro
amigo da onça	→	amigos da onça
banana-da-terra	→	bananas-da-terra
pão de ló	→	pães de ló
escola-modelo	→	escolas-modelo
ama de leite	→	amas de leite
azeite de dendê	→	azeites de dendê
café com leite	→	cafés com leite
caixa-d'água	→	caixas-d'água
navio-escola	→	navios-escola

Conservam **a mesma forma** tanto no singular como no plural:

porta-aviões	porta-joias	quebra-nozes
paraquedas	guarda-costas	para-raios
guarda-livros	porta-malas	porta-luvas

ATIVIDADES

1 Reescreva as palavras no plural.

a) couve-flor

b) leão-marinho

c) paraquedas

d) segunda-feira

e) cirurgião-dentista

f) sempre-viva

2 Escreva no plural o nome das imagens.

a) _____ b) _____ c) _____

3 Complete a tabela com o singular ou o plural dos substantivos compostos.

Singular	Plural
o pontapé	
o café com leite	
	os super-homens
a água-branca	
	os para-choques
	as amas de leite
o para-raios	

4 Reescreva as frases colocando os substantivos compostos no singular.

a) Os guardas-florestais cuidam das vitórias-régias.
_____
_____
_____

b) Os tico-ticos viram os arco-íris.
_____
_____

TEXTO 2

Você lerá agora o trecho de um romance. Você sabe o que é um romance? Leia o texto a seguir.

O galo

[...]
— O que é que você tá fazendo aqui?!
— Psiu! Fala baixo, tô fugido.
— Isso eu sei, ué, fui eu que fiz você fugir do galinheiro.
— Mas a questão é que eles me pegaram.
— Não brinca!
— Me levaram de volta. Pra tomar conta daquelas galinhas todas outra vez.
— Ai!
— Você não sabia?
— Não. O meu romance acabava no dia que você fugia. Foi até aí que eu inventei você.
— Pois é. Mas aí eu fiquei inventado e tive que resolver o que é que eu ia fazer da minha vida. Pensei pra burro. Acabei resolvendo que ia lutar pelas minhas ideias.
Achei aquilo tão bacana! Na escola, quando a gente lê a vida de Tiradentes e desse pessoal importante, vem sempre essa frase junto: "homens que lutaram por suas ideias".
— Que legal, Rei. E você lutou?
— Não, foi só resolver lutar que eles me levaram de volta pro galinheiro.

Então eu chamei as minhas quinze galinhas e pedi, por favor, pra elas me ajudarem. Expliquei que vivia muito cansado de ter que mandar e desmandar nelas todas noite e dia. Mas elas falaram: "Você é nosso dono. Você é que resolve tudo pra gente". Sabe, Raquel, elas não botavam um ovo, não davam uma ciscadinha, não faziam coisa nenhuma sem vir me perguntar: "Eu posso? Você deixa?". E se eu respondia: "Ora, minha filha, o ovo é seu, a vida é sua, resolve como você achar melhor", elas desatavam a chorar, não queriam mais comer, emagreciam, até morriam.

Elas achavam que era melhor ter um dono mandando o dia inteiro: Faz isso! Faz aquilo! Bota um ovo! Pega uma minhoca! do que ter que resolver qualquer coisa. Diziam que pensar dá muito trabalho.

– Ué.

– Pois é.

[...]

Lygia Bojunga. *A bolsa amarela*. 34. ed. Rio de Janeiro: Casa Lygia Bojunga, 2007. p. 34-35.

BRINCANDO COM O TEXTO

1 Circule o nome da autora do texto e sublinhe o título do livro de onde foi retirado.

2 Por que o galo fugiu do galinheiro?
_____
_____
_____

3 Depois da fuga, o que aconteceu com o galo?
_____
_____
_____

4 O que as galinhas disseram ao galo? E o que costumavam perguntar para ele? Sublinhe as respostas no texto.

5 Por que as galinhas choravam, deixavam de comer e até morriam?
_____
_____
_____

6 O que as galinhas achavam que era melhor?
_____
_____
_____

7 Converse com os colegas e o professor sobre as questões a seguir.
    a) Em sua opinião, o que significa "lutar por suas ideias"?
    b) Segundo o galo, as galinhas diziam que pensar dá muito trabalho. O que você acha dessa afirmação?

ATIVIDADES

1 Busque duas palavras no texto que tenham as letras a seguir.

ss	ç	s inicial	x

2 Reescreva o diálogo inserindo a pontuação adequada.

Amiga raposa perguntou que é que você faz aí A raposa não quis passar por tola e respondeu Entrei aqui para beber esta água deliciosa Como você é meu amigo deixarei beber também

_____
_____
_____
_____
_____
_____

3 Reescreva as frases trocando o gênero das palavras destacadas. Faça as adaptações que forem necessárias em cada frase.

a) "Um **bode** sedento aproximou-se e viu a **raposa**."
_____
_____

b) "– **Amiga raposa** – perguntou –, que é que você faz aí?
A **raposa** não quis passar por **tola** [...]."
_____
_____

GRAMÁTICA

Grau do substantivo

Os substantivos podem indicar objetos em tamanho normal, pequeno ou grande. Observe.

Quero um **copinho** de chá.
O **copo** é de vidro.
Tomou um **copão** de suco.

Ao dizermos **copo**, estamos nos referindo a um copo de tamanho **normal**, comum.

Ao dizermos **copinho**, estamos nos referindo a um copo **menor** do que o tamanho normal: é um copo pequeno.

> A palavra **copinho** está no grau diminutivo.

Ao dizermos **copão**, queremos indicar um copo **maior** do que o tamanho normal: é um copo grande.

> A palavra **copão** está no grau aumentativo.

Em geral, para formar o diminutivo, usamos terminações como **-inho**, **-inha**, **-zinho**, **-zinha**, **-ito**, **-eto** e **-ota**, entre outras. Veja a seguir.

amigo →	amiguinho	**gota** →	gotícula, gotinha
animal →	animalzinho, animalejo	**graça** →	gracejo
ave →	avezinha	**grão** →	grãozinho
banco →	banqueta	**ilha** →	ilhéu, ilhota
bandeira →	bandeirinha, bandeirola	**lugar** →	lugarzinho, lugarejo
barba →	barbicha	**menino** →	menininho, meninote
barca →	barquinha	**monte** →	montículo, montinho

Podemos também usar a palavra **pequeno**: bandeira pequena, grão pequeno.

Para formar o **aumentativo**, usamos terminações como **-ão**, **-ona** e **-zarrão**, entre outras.

Veja a seguir.

amigo →	amigão, amigalhão	**fogo** →	fogaréu
animal →	animalão	**gente** →	gentarada
bala →	balaço	**grande** →	grandalhão
barco →	barcaça	**homem** →	homenzarrão
boca →	bocarra, bocaça	**mulher** →	mulheraça, mulherona
cabeça →	cabeçorra	**muro** →	muralha
cão →	canzarrão	**papel** →	papelão
colher →	colherão, colheraça	**pobre** →	pobretão
copo →	copázio	**rapaz** →	rapagão
escada →	escadona	**rico** →	ricaço
faca →	facão, facona	**vovó** →	vovozona
festa →	festança	**voz** →	vozeirão

Formamos também o aumentativo com o auxílio das palavras **grande**, **enorme**, **imenso**: casa **grande**, cão **enorme**, árvore **imensa**.

ATIVIDADES

1 Escreva os substantivos no **grau aumentativo**.

a) boca _____

b) cabeça _____

c) cão _____

d) beijo _____

e) mão _____

f) homem _____

2 Escreva o diminutivo em uma só palavra.

a) sala pequena
_____

b) bandeira pequena
_____

c) burro pequeno
_____

d) animal pequeno
_____

e) lugar pequeno
_____

f) ave pequena
_____

3 Complete as frases com o aumentativo dos substantivos destacados.

a) O **gol** foi espetacular. Foi um _____!

b) A **boca** do jacaré era enorme. Era uma _____!

4 Use as palavras do quadro para completar as frases.

> enorme   grande   minúscula   imensa

a) A touca era muito pequena. Ela era _____!

b) Agora farei uma _____ *pizza* para nós.

c) D. Margarida é uma _____ professora.

d) A estátua de Castro Alves é _____.

5 Leia as palavras e escreva-as nas colunas adequadas.

> riacho   povaréu   caldeirão   relógio   árvore   amigão
> camarão   cubículo   fornalha   burrinho   cão   filhote

Grau normal	Grau diminutivo	Grau aumentativo

BRINCANDO COM A CRIATIVIDADE

Bilhete

No texto "O galo", você conheceu a história de um galo que não queria mais ficar no galinheiro mandando em 15 galinhas.

Escreva, no caderno, um bilhete para as galinhas, tentando convencê-las a deixá-lo ir embora.

Planejar e produzir

1. Primeiramente, liste os prós e os contras da vida no galinheiro sem um líder.
2. Em seguida, elabore um texto em que você explique por que as galinhas deveriam deixar o galo ir embora. Lembre-se: o bilhete deve ter saudação no início e despedida e assinatura no final.

Reler, revisar e editar

1. Revise o bilhete, conferindo se ele contém saudação, despedida e assinatura.
2. Verifique, também, se sua mensagem é convincente.

Compartilhar

1. O professor pedirá aos alunos que leiam os bilhetes em voz alta. Depois da leitura, vocês irão escolher o(s) bilhete(s) mais convincente(s).

PEQUENO CIDADÃO

Aplicativos

Os aplicativos são ferramentas que realizam tarefas específicas e são usados por milhões de pessoas. Eles servem para jogar, controlar gastos financeiros, acessar notícias, entre outras funções.

1. No caderno, escreva o nome de três aplicativos que você conhece.

2. Para qual objetivo você criaria um aplicativo? Por quê? Converse com o professor e os colegas.

UNIDADE 12

TEXTO 1

Observe o texto. O que parece que você lerá agora? Você já leu um texto como este antes?

Leia o texto a seguir.

https://www.culturagenial.com/filme-divertida-mente/

Rebeca Fuks
Doutora em Estudos da Cultura

Filme *Divertida Mente*

Lançada em 2015, a animação *Divertida Mente* (no original *Inside Out*) tem como protagonista a menina Riley, que se vê obrigada a mudar de cidade com os pais.

Acompanhamos o seu processo de adaptação na vida nova e assistimos como as cinco emoções (Alegria, Tristeza, Medo, Raiva e Nojinho) regem o seu comportamento. [...]

Divertida Mente trata de um tema complexo (a máquina do nosso pensamento) a partir de uma abordagem singela e didática. Não por acaso, o longa-metragem recebeu os mais importantes prêmios de melhor filme de animação (Oscar, Bafta e Globo de Ouro).

[cuidado, o texto abaixo contém *spoilers*]

Resumo

Riley descobre que irá se mudar de Minesota para São Francisco por causa do trabalho do pai. A menina tem 11 anos quando toma consciência de que irá passar por essa complicada transição.

Riley enfrentará, portanto, duas mudanças: uma externa (de cidade) e uma interna (o fim da fase infantil para a entrada na adolescência).

Ao longo do filme acompanhamos o desenvolvimento da menina desde o momento que ela sai da barriga da mãe. Assim que a pequena bebê é segurada no colo, vemos nascer também seu primeiro sentimento, a Alegria.

Logo a seguir, precisamente 33 segundos depois, [aparecem] o Medo e a Tristeza, outros sentimentos que a acompanharão durante o seu percurso. Mais tarde se [juntarão] a Raiva e o Nojinho, outros dois afetos essenciais que disputarão o controle da sala de comando.

Assistimos não só o que se passa no dia a dia da garota como também **de que forma esses sentimentos vão sendo processados**. [...]

E não se trata aqui de demonizar ou louvar algum sentimento específico, todos eles são importantes para a manutenção da saúde psíquica da menina. [...]

Assistimos em Riley um pouco do que se passa dentro de cada um de nós e, ao observarmos a pequena garotinha, percebemos como também nós reagimos às situações desafiadoras que atravessam o nosso cotidiano. [...]

Análise
[...]

Lições do filme
Após assistirmos à animação notamos como não existem sentimentos bons e ruins, **todos os sentimentos são necessários para o nosso desenvolvimento** psíquico.

Todos os sentimentos são importantes
Ao contrário do que nos faz crer a sociedade contemporânea, a tristeza é essencial para a nossa vida.

O nojo também é importante, porque de certa forma nos protege. O medo também não deve ser desprezado porque nos mantém em segurança.
[...]

Mudar é preciso
O filme aborda como a mudança é um imperativo da vida: com o passar do tempo, precisamos mudar e somos frequentemente colocados à prova.
[...]

Divertida Mente nos ensina que **se adaptar às novas realidades é preciso**, ainda que seja um movimento difícil a princípio.

As crises são importantes para o crescimento
Riley, ao longo da narrativa, passa por uma série de crises e momentos difíceis onde os seus sentimentos são testados.

Frustração, raiva, injustiça – as crises representam um turbilhão de afetos com os quais não sabemos lidar. Mas a verdade é que esses instantes são essenciais para o crescimento da protagonista – e também para o nosso crescimento individual.

Um filme para adultos e crianças
Apesar de a princípio parecer um filme dirigido para a infância, *Divertida Mente* fala tanto para adultos quanto para crianças por ser construído a partir de **múltiplas camadas de interpretação**.

O longa-metragem permite que se compreenda o funcionamento do cérebro diante de situações cotidianas. [...]

O roteiro do filme foi construído com a **supervisão de psicólogos e neurologistas**, que procuraram adaptar as complexas explicações sobre o funcionamento cerebral para termos acessíveis aos leigos. [...]

Rebeca Fuks. Filme Divertida Mente. *In: Cultura genial.* [S. l.], [201-] (adaptado).
Disponível em: https://www.culturagenial.com/filme-divertida-mente/. Acesso em: 6 jul. 2020.

BRINCANDO COM O TEXTO

1 Localize no texto as informações a seguir.

   a) Autor da resenha: _____

   b) Ano de lançamento do filme: _____

   c) Título original do filme: _____

2 "Doutora em Estudos da Cultura". Por que essa informação é expressa no texto?
_____

3 O texto é dividido em duas partes principais. Escreva no caderno quais são elas e suas funções.

4 Releia este fragmento do texto.

"O roteiro do filme foi construído com a supervisão de psicólogos e neurologistas que procuraram adaptar as complexas explicações sobre o funcionamento cerebral para termos acessíveis aos **leigos**."

Marque a opção que apresenta o significado do termo destacado.

☐ Espectadores do filme.

☐ Crianças que assistirem ao filme.

☐ Aqueles que não possuem conhecimento sobre o assunto.

5 Cite duas lições do filme, segundo a autora.
_____
_____

6 No texto, quais sinônimos são usados para se referir a Riley?
_____

7 De acordo com a resenha, esse é um bom filme? _____

8 Você se interessou por assistir a esse filme ou já assistiu a ele antes?
_____

ATIVIDADES

1 Copie a frase colocando o substantivo destacado no grau normal.

Quando o **porquinho** vai crescer?

_____

2 O substantivo destacado na atividade 1 é:

☐ concreto e masculino.

☐ concreto e feminino.

☐ abstrato e masculino.

☐ abstrato e feminino.

3 Escreva o substantivo **porco**:

a) no plural: _____.

b) no grau aumentativo: _____.

4 Escreva o substantivo **cachorro**:

a) no plural: _____

b) no grau aumentativo: _____

c) no grau diminutivo: _____

5 Ditado em duplas. Para fazer esta atividade, você precisará de jornais, revistas, folhetos etc., uma tesoura e cola.

1. Procure cinco palavras que tenham o **l** intercalado ou final, como em **bolsinha** e **papel**. Recorte-as e cole-as no caderno.
2. Em seguida, procure cinco palavras que tenham o **u** intercalado ou final, como em **saudade** e **pau**. Recorte-as e cole-as no caderno.
3. Dite essas palavras a um colega, que deverá escrevê-las no caderno dele. Em seguida, ele ditará as palavras que ele achou para você escrever.
4. Verifique se o colega escreveu corretamente as palavras. Ele também deve verificar as palavras que você escreveu.

GRAMÁTICA

Adjetivo e locução adjetiva

Leia os exemplos a seguir.

Manga **madura**.   Ônibus **comprido**.

Madura é uma qualidade da fruta.
Comprido é uma qualidade do ônibus.
Madura e **comprido** são adjetivos.

> **Adjetivo** é uma palavra variável (tem singular e plural, masculino e feminino e variação de grau) que informa a qualidade ou a característica dos substantivos.

O adjetivo concorda em **gênero** e **número** com o substantivo que ele modifica.

Exemplos: homem **ruivo**, homens **ruivos**; mulher **ruiva**, mulheres **ruivas**.

Há também os adjetivos **pátrios**, que se referem a continentes, países, estados, cidades, regiões. Exemplos: comida **alemã**, cultura **oriental**.

Agora, observe o exemplo a seguir:
criação **de porco** – criação **suína**.

Na expressão **de porco**, os termos **de** e **porco** se associam ao substantivo **criação** para qualificá-la como **suína**.

> A junção de duas ou mais palavras com valor de um adjetivo chama-se **locução adjetiva**.

ATIVIDADES

1 Circule os adjetivos.

a) carro veloz

b) quadro bonito

c) caneta roxa

d) sabonete cheiroso

e) filme engraçado

f) calça curta

2 Complete as frases usando **adjetivos** seguindo o modelo.

Quem tem **gentileza** é gentil.

a) Quem tem **nobreza** é
_____

b) Quem tem **honestidade** é
_____

c) Quem tem **humildade** é
_____

d) Quem tem **valentia** é
_____

3 Observe as imagens abaixo e escreva dois adjetivos relacionados a elas.

a)

b)

c)

_____

_____

4 Substitua cada **locução adjetiva** pelo adjetivo correspondente a ela. Observe o modelo.

amor **de irmão** → amor **fraternal**

a) comida da China

b) manifestação do povo

_____

_____

5 Substitua cada **adjetivo** pela **locução adjetiva** correspondente a ele.

a) bolo pascal
___

b) roupa infantil
___

c) transporte escolar
___

d) feriado municipal
___

e) presente natalino
___

f) bolo festivo
___

BRINCANDO COM A CRIATIVIDADE

Diálogo

Pensando na resenha de *Divertida Mente* que você leu, crie um diálogo para o filme de acordo com as orientações a seguir.

Planejar e produzir

1. Dê um novo título ao filme.
2. Empregue dois-pontos e travessão.

Reler, revisar e editar

1. Releia o diálogo e veja se há algo a ser revisto. Observe a ortografia, a concordância e a pontuação do texto.
2. Veja, também, se o diálogo está construído de forma coerente.

Compartilhar

1. Leia para a turma o diálogo que você criou. Aproveite para ouvir também as criações dos colegas!

TEXTO 2

Observe a primeira imagem e responda: O que ela representa?
Leia o texto a seguir.

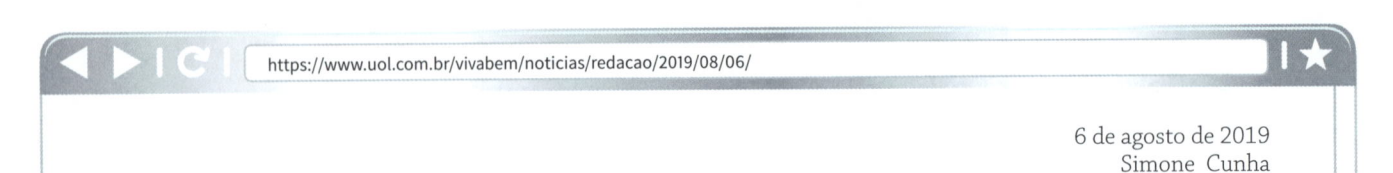

https://www.uol.com.br/vivabem/noticias/redacao/2019/08/06/

6 de agosto de 2019
Simone Cunha

Timidez em excesso pode ser um transtorno?

De repente, o rosto fica corado colocando o tímido numa situação de destaque que, aliás, é o que ele mais deseja evitar. Impossível negar vergonha ou constrangimento quando as bochechas ficam vermelhas, mas não é apenas nesse tipo de situação que a timidez dá o ar da graça. A timidez é um traço de personalidade, o jeito que a pessoa é e se comporta.

Ser o centro das atenções, falar em público e sair tagarelando por aí não são características comuns aos tímidos. Mas, isso não os impossibilita de manterem um convívio social saudável. "O tímido pode ter mais dificuldade em interagir em um primeiro contato, mostra-se mais introvertido, mas não deixa de realizar suas atividades pessoais e profissionais, apenas é mais discreto", comenta Mariângela Savoia, psicóloga clínica do Programa Ansiedade do IPq do HC-FMUSP (Instituto de Psiquiatria do Hospital das Clínicas da Faculdade de Medicina da Universidade de São Paulo).

No entanto, quando esse medo de situações em que se está exposto ao julgamento do outro se torna algo exacerbado, isso deixa de ser uma simples timidez e pode ser considerado um transtorno de ansiedade social. [...]

O momento do enfrentamento

Portanto, a timidez deve ser tratada quando a pessoa sente que está sofrendo com as restrições que impõe a ela mesma. "Um psicólogo poderá ajudá-la a identificar seus medos e frustrações, orientando suas ações para começar a estabelecer novas relações sociais", diz Priscila Gasparini Fernandes, psicóloga clínica e psicanalista com especialização em neuropsicologia.

Ou seja, ser quieto é um traço de personalidade e não há nada de errado. O transtorno de ansiedade social envolve outros sinais, como: não manter contato visual, falar muito baixo, gaguejar, ficar ruborizado (vermelho), apresentar tremores. Além do isolamento que pode interferir de forma negativa nas relações sociais, nos estudos e até no trabalho.

Por isso, se as recusas passam a ser constantes, é importante ligar o sinal de alerta. Mas se a questão é apenas aquela timidez corriqueira, vale apostar em alguns recursos para tornar o enfrentamento mais fácil:

• Desenvolva algum atributo, busque algo de seu interesse e que também crie aproximação das pessoas como música, esportes e viagens;
• Desenvolva um grupo de amigos, mesmo que pequeno, mas que lhe transmita confiança;
• Preste atenção nos bons sinais, ou seja, não supervalorize a crítica e sim o elogio, afinal é impossível agradar geral;
• Entenda que não é preciso ser o centro das atenções para ser interessante;
• E quando estiver em um lugar após o enfrentamento, comemore a situação vencida.
[...]

CUNHA, Simone. Timidez em excesso pode ser um transtorno? Entenda quando buscar ajuda. *UOL*, 6 ago. 2019. Disponível em: https://www.uol.com.br/vivabem/noticias/redacao/2019/08/06/timidez-em-excesso-pode-ser-um-transtorno-entenda-quando-buscar-ajuda.htm. Acesso em: 25 jul. 2020.

BRINCANDO COM O TEXTO

1 De que forma as duas imagens anteriores se relacionam?
_____
_____

2 Relacione as imagens do texto com os substantivos a seguir.

Imagem 1   Imagem 2

☐ medo   ☐ insegurança   ☐ autoconfiança
☐ coragem   ☐ timidez   ☐ apreensão

3 A autora sugere alguns recursos para enfrentar a timidez. Resuma-os com suas palavras.
_____
_____
_____

4 O que você acha das estratégias sugeridas pela autora do texto? Elas podem ajudar?
_____
_____

5 E você, o que sugere para que alguém enfrente a timidez mais facilmente?
_____
_____

6 Responda à pergunta contida no título do texto.

_____
_____

BRINCANDO COM O APRENDIZADO

1 Leia a frase a seguir.

Na festa, havia música, alegria e muitos comes e **bebes**.
a) O que a palavra destacada significa na frase?

_____

b) Em que palavra ela se transforma se colocarmos acento circunflexo no segundo **e**?

_____

2 No caderno, crie seis frases em que fique evidente o sentido de cada palavra a seguir.

> pais   país   sábia   sabiá   secretaria   secretária

3 Dê o adjetivo pátrio de quem nasce nestes estados.

a) Bahia _____   **c)** Amazonas _____

b) Ceará _____   **d)** São Paulo _____

4 Classifique as palavras destacadas, como no modelo.

O estudante comprou um **livro**.
Livro: dissílabo, paroxítono, substantivo (comum, primitivo, concreto e simples) masculino, singular.
- O **rapaz** é **bonito**.

_____
_____
_____
_____

GRAMÁTICA

Grau do adjetivo

Leia a frase a seguir.

A melancia é **tão** doce **quanto** o melão.

Quando dizemos "A melancia é **tão** doce **quanto** o melão", estamos comparando a qualidade das duas frutas na mesma intensidade.

A expressão destacada está no **grau comparativo de igualdade**.

Quando dizemos "A melancia é **mais** doce **do que** o melão", a qualidade expressada pelo adjetivo aparece mais intensificada no primeiro elemento da comparação.

A expressão destacada está no **grau comparativo de superioridade**.

Quando dizemos "A melancia é **menos** doce **do que** o melão", a qualidade expressada pelo adjetivo aparece menos intensificada no primeiro elemento da comparação.

A expressão destacada está no **grau comparativo de inferioridade**.

Agora, preste atenção nas dicas a seguir.
Não se diz "mais grande", e sim **maior**.
Não se diz "mais bom", e sim **melhor**.
Não se diz "mais pequeno", e sim **menor**.
Não se diz "mais mau", e sim **pior**.
Os adjetivos **maior** e **melhor** estão no **grau comparativo de superioridade**.
Os adjetivos **menor** e **pior** estão no **grau comparativo de inferioridade**.

ATIVIDADES

1 Indique o grau dos adjetivos de cada frase.

a) O prédio é mais alto do que a casa.
_____

b) Sérgio é tão novo quanto José.
_____

c) A bala é menos doce do que o pirulito.
_____

d) O limão é mais azedo do que a laranja.
_____

2 Reescreva as frases abaixo substituindo os símbolos pelos comparativos solicitados.

a) Lia é ★ alta ★ Daniela. (igualdade)
_____

b) Pedro é ★ jovem ★ o irmão. (inferioridade)
_____

c) O livro é ★ pesado ★ o caderno. (superioridade)
_____

3 Reescreva as frases substituindo os símbolos pelos adjetivos indicados no grau comparativo de inferioridade ou de superioridade.

a) Aquele livro é ▲ que este. (bom)
_____

b) A mesa é ▲ que a cadeira. (grande)
_____

c) O carro é ▲ que o ônibus. (pequeno)
_____

ORALIDADE

Debate

1. O professor dividirá a turma em dois grupos para debater sobre a importância do sentimento de raiva. Um grupo fará a exposição dos argumentos em defesa da raiva e de seus benefícios, enquanto o outro apontará argumentos contrários, expondo os malefícios da raiva em nossa vida.
2. O professor definirá uma data para a realização do debate. Enquanto isso, os alunos vão se preparar estudando a fundo o assunto e reunindo argumentos para defender sua posição.
3. É importante que o grupo se prepare também para rebater os argumentos dos outros grupos. Por essa razão, pensem, com antecedência, o que o outro grupo pode argumentar para que, no dia, seu grupo não seja pego de surpresa.
4. No dia do debate, é fundamental que cada grupo possa falar sem interrupção. Por esse motivo, ouça com atenção quando o grupo oponente estiver se expressando, para poder contra-argumentar e fazer perguntas pertinentes.

BRINCANDO

Você já brincou de "Jogo da velha"? Veja como funciona.

1. Faça dupla com um colega. Decidam quem vai usar **O** e quem vai usar **X**.
2. Tirem par ou ímpar para saber quem começa.
3. Em sua vez, marque **O** ou **X** em um dos espaços.
4. Quem fizer uma sequência de **O** ou **X** na vertical, horizontal ou diagonal ganha a partida.

Que tal você se divertir também em casa com o "Jogo da velha"? Siga as orientações de montagem a seguir.

1. Você precisará de uma bandeja de ovos e dez tampinhas de garrafa PET: cinco de uma cor e cinco de outra.
2. Corte a bandeja de ovos para que fiquem com nove "buracos".

Seu tabuleiro de "Jogo da velha" está pronto!

TEXTO 1

Leia o título abaixo. Ele se relaciona a outro texto?
Qual parece ser o assunto deste texto?
Leia o texto a seguir.

Amanda no país das vitaminas

Amanda era uma dessas meninas magricelas que vivia brigando com a mãe por não querer se alimentar direito.

Não gostava de carnes, nem de verduras, nem de frutas. Só comia baboseiras, dessas que são vendidas em saquinhos, cheias de corantes, conservantes e outros produtos químicos.

Ela era muito inteligente, porém não estava indo bem nos estudos. Vivia desanimada, com dores nas pernas e, por vezes, não tinha sequer ânimo de ficar em pé por muito tempo.

Certo dia, ela chegou da escola com um livro novo de Ciências e começou a ler, mas adormeceu, ali mesmo, no sofá...

Quando percebeu, Amanda já estava a caminho da geladeira para procurar um lanche. De repente, escorregou e caiu dentro da gaveta de frutas e verduras.

Parecia que ela estava caindo num poço sem fundo. À medida que ia descendo, via passar diante de si frutas e verduras de todos os tipos.

[...]

Parecia mais uma daquelas alucinações do tipo "Alice no País das Maravilhas". A pobre criança já não tinha certeza se estava sonhando ou se estava acordada.

[...]

Leonardo Mendes Cardoso. *Amanda no país das vitaminas*. São Paulo: Editora do Brasil, 2016. p. 4-9 e 17.

BRINCANDO COM O TEXTO

1 Procure as palavras abaixo no dicionário e escreva o significado mais adequado ao texto.

a) Baboseira: _____.

b) Alucinação: _____.

c) Recuperar: _____.

2 Por que Amanda vivia brigando com a mãe por causa da comida?
_____
_____

3 Marque com um **X** o que Amanda sentia.

☐ fraqueza   ☐ dificuldade na escola

☐ disposição   ☐ alegria

☐ dores nas pernas   ☐ desânimo

4 Por que devemos diversificar nossa alimentação?
_____
_____
_____
_____

5 Há algum alimento que seus pais insistem para que você coma, mas do qual você não gosta? Qual? Conte uma situação.

___

PEQUENO CIDADÃO

Vida saudável e tecnologia

Você sabia que há aplicativos de celular que podem nos ajudar a ter uma vida mais saudável? Alguns deles, por exemplo, funcionam como um assistente pessoal: nos lembram dos horários das refeições; dão dicas sobre os alimentos mais saudáveis; apresentam receitas rápidas e fáceis de serem preparadas e até nos ajudam a não esquecer de tomar água.

Todos esses aplicativos, vale dizer, são apenas um suporte para quem quer se manter saudável e por isso nunca devem substituir o acompanhamento do médico ou nutricionista.

1 Você conhece alguém que usa aplicativos para se manter mais saudável? O que você acha disso?

___

2 O uso frequente de aplicativos pode levar as pessoas a exercitar menos a memória? Converse com os colegas e o professor.

ATIVIDADES

1 Retire do texto das páginas 183 e 184:

a) um substantivo que começa com **m** – _____.

b) um adjetivo que começa com **m** – _____.

2 Classifique os substantivos retirados do texto. Siga o modelo.

Verduras: substantivo comum, feminino, plural.

a) Amanda: _____.

b) Geladeira: _____.

c) Corantes: _____.

3 Escreva os adjetivos a seguir no feminino plural.

a) cheiroso _____

b) lindo _____

c) orgulhoso _____

d) animado _____

4 Coloque a pontuação que falta no texto a seguir.

> Nesse instante_ passa correndo um limão, gritando sem parar_
> _ Que horas são_ Estou atrasado_ [...]
>
> Leonardo Mendes Cardoso. *Amanda no país das vitaminas.* São Paulo: Editora do Brasil, 2016. p. 12.

5 Substitua cada locução adjetiva pelo adjetivo correspondente a ela.

a) bandeira do município

_____

b) flor da noite

_____

c) sistema do Sol

_____

d) festa do povo

_____

GRAMÁTICA

Grau do adjetivo – Superlativo

Observe as imagens e as frases a seguir.

O vestido é **antiquíssimo**.   O castelo é muito **antigo**.

Nas frases acima, as características do vestido e do castelo não foram comparadas.

O adjetivo **antigo** está no mais alto grau, um **grau superlativo absoluto**.

> O **grau superlativo absoluto** pode ser:
> - analítico (formado por mais de uma palavra), como "muito antigo";
> - sintético (formado por uma só palavra), como "antiquíssimo".

Alguns superlativos absolutos sintéticos

agradável	→	agradabilíssimo	**grande** →	máximo
alto	→	altíssimo	**hábil** →	habilíssimo
amargo	→	amarguíssimo, amaríssimo	**horrível** →	horribilíssimo
amável	→	amabilíssimo	**humilde** →	humildíssimo, humílimo
amigo	→	amicíssimo	**infeliz** →	infelicíssimo

antigo →	antiguíssimo, antiquíssimo	**infiel** →	infidelíssimo
baixo →	baixíssimo	**inteligente** →	inteligentíssimo
bom →	boníssimo, ótimo	**magro** →	macérrimo, magríssimo
célebre →	celebérrimo	**mau** →	péssimo
comum →	comuníssimo	**notável** →	notabilíssimo
confortável →	confortabilíssimo	**pequeno** →	pequeníssimo, mínimo
cruel →	crudelíssimo	**pobre** →	paupérrimo
difícil →	dificílimo	**popular** →	popularíssimo
doce →	docíssimo, dulcíssimo	**ruim** →	péssimo
feliz →	felicíssimo	**sábio** →	sapientíssimo
feroz →	ferocíssimo	**sagrado** →	sacratíssimo
fiel →	fidelíssimo	**sensível** →	sensibilíssimo
fraco →	fraquíssimo	**simples** →	simplicíssimo
frágil →	fragílimo	**terrível** →	terribilíssimo
frio →	frigidíssimo, friíssimo	**veloz** →	velocíssimo
gentil →	gentilíssimo	**vivo** →	vivíssimo

ATIVIDADES

1 Escreva os adjetivos abaixo no grau superlativo absoluto **sintético**.

a) agradável
_____

b) alegre
_____

c) digno
_____

d) cruel
_____

2 Reescreva as frases colocando os adjetivos destacados no grau superlativo absoluto **analítico**.

a) Aquela vila é **pobre**.
_____

b) Adailton é um garoto **popular**.
_____

3 Reescreva as frases colocando os adjetivos destacados no grau superlativo absoluto **sintético**.

a) Murilo é um garoto muito **elegante**.
_____

b) Os pássaros são muito **pequenos**.
_____

c) Sofia é muito **sábia**.
_____

4 Passe os adjetivos para o grau normal.

a) riquíssimo
_____

b) péssimo
_____

c) fidelíssimo
_____

d) ótimo
_____

e) mínimo
_____

f) facílimo
_____

5 Sublinhe os adjetivos das frases e identifique em que grau eles estão.

a) Paulo é tão capaz quanto Eurico.
_____

b) Milena é mais cuidadosa que você.
_____

c) Vovó é menos alta que mamãe.
_____

BRINCANDO

1 Leve Amanda até a cesta de frutas e verduras.

BRINCANDO COM A CRIATIVIDADE

Carta pessoal

Agora que você tem informações sobre como se alimentar melhor, escreva uma carta para Amanda, personagem do Texto 1, incentivando a menina a se alimentar de forma adequada e levar uma vida mais saudável.

Planejar

1. Pense nas informações que você dará na carta para estimular Amanda a se alimentar melhor. Você pode destacar, por exemplo, os benefícios de uma alimentação saudável.

Produzir

1. Lembre-se de inserir na carta a data e o destinatário.

Reler, revisar e editar

1. Releia sua carta e veja se há algo a ser corrigido. Revise a pontuação, a ortografia, a concordância e a organização da carta. Verifique, ainda, se ela incentiva realmente a boa alimentação.
2. Caso julgue necessário, altere trechos para melhorar a compreensão do texto.

Compartilhar

1. Agora é hora de compartilhar sua carta com a turma. Cada aluno poderá ler em voz alta sua versão e, assim, vocês aprenderão ainda mais sobre a importância de levar uma vida saudável.

TEXTO 2

Observe o texto. O que você lerá agora?
Você já preparou algum alimento? Se sim, como foi sua experiência?
Leia o texto a seguir.

Salada de frutas

Ingredientes:

- 1 banana-nanica (também conhecida como banana-caturra e banana-d'água);
- 2 mangas;
- 1 mamão papaia;
- 2 colheres de sopa de mel;
- meio melão;
- 10 morangos;
- 2 laranjas.

Modo de preparo

1. Lave as frutas em água corrente.
2. Retire a casca da banana e, com uma faca sem ponta, descasque o mamão, as mangas e o melão.
3. Corte as duas laranjas ao meio e esprema-as. Misture o suco com as duas colheres de mel e reserve.
4. Corte as demais frutas em cubos e coloque-as em uma vasilha grande.
5. Despeje o suco nas frutas e misture.
6. Coloque a vasilha tampada na geladeira por cerca de 30 minutos. Está pronto para servir!

Ilustrações: Susan Morisse

BRINCANDO COM O TEXTO

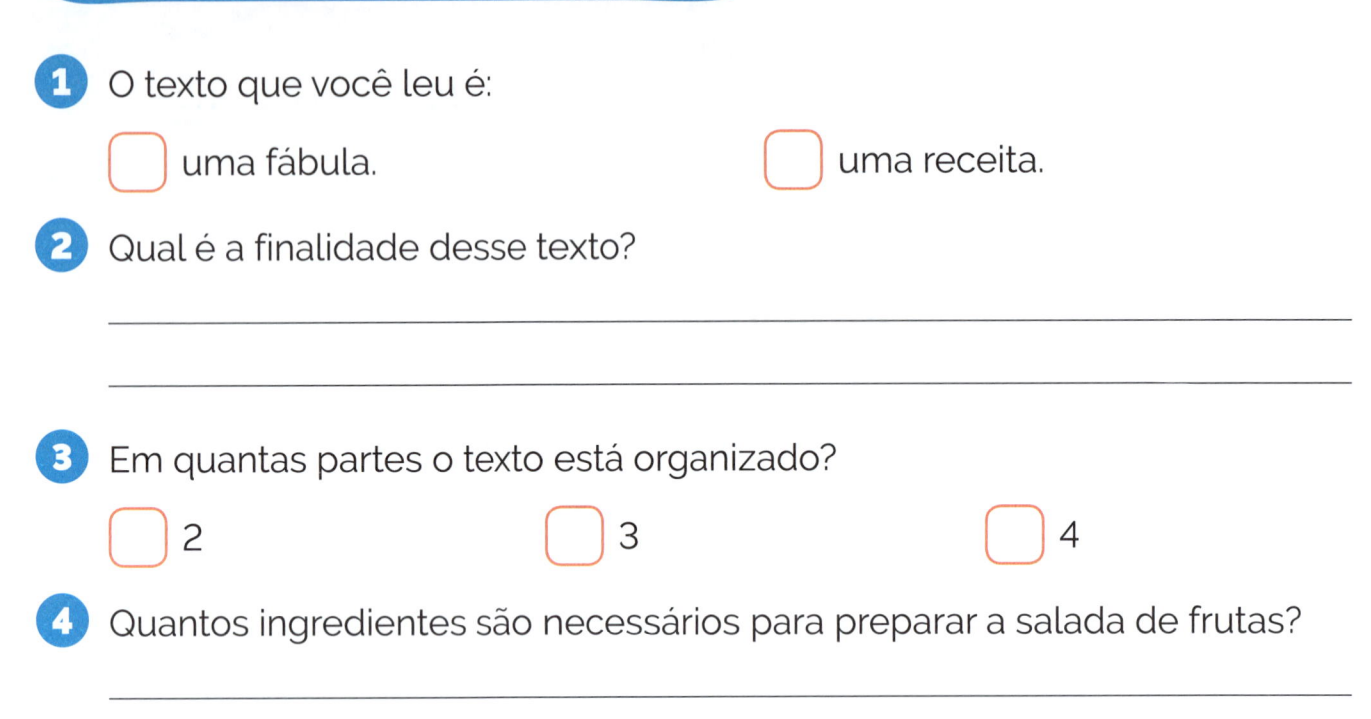

1 O texto que você leu é:

☐ uma fábula. ☐ uma receita.

2 Qual é a finalidade desse texto?
_____
_____

3 Em quantas partes o texto está organizado?

☐ 2   ☐ 3   ☐ 4

4 Quantos ingredientes são necessários para preparar a salada de frutas?
_____
_____

5 Numere as imagens de acordo com a sequência correta.

6 Que outro ingrediente você acrescentaria à salada de frutas?
_____

ATIVIDADES

1 Assinale as frases em que o substantivo destacado é **concreto**.

☐ A **professora** elogiou meu trabalho.

☐ Ele sentia muita **saudade** dela.

☐ Aqueles **pássaros** são belos.

☐ Minha **esperança** é que ele saiba o caminho.

2 Sublinhe os substantivos **simples** e circule os **compostos**.

- a) flor
- b) tico-tico
- c) girassol
- d) arco-íris
- e) livro
- f) pedra
- g) pontapé
- h) papel
- i) guarda-sol
- j) sol
- k) mosquito
- l) gato
- m) casa
- n) quadro
- o) palhaço
- p) paraquedas

3 Marque um **X** nos substantivos comuns de dois gêneros.

☐ jovem ☐ médico ☐ servente

☐ indígena ☐ patriota ☐ artista

☐ vítima ☐ testemunha ☐ jornalista

☐ dentista ☐ cliente ☐ adolescente

4 Complete as palavras com **e**, **ei** ou **i**.

- a) banqu__te
- b) cas__ro
- c) priv__légio
- d) igr__ja
- e) pad__ro
- f) percev__jo
- g) terc__ro
- h) esqu__sito
- i) band__ja
- j) cr__ação
- k) b__jo
- l) crân__o

ABCD ORTOGRAFIA

Palavras com g ou j

1 Complete as palavras com **g** ou **j**.

a) exa ___ ero   d) ___ ejum   g) ob ___ eto

b) ___ iló   e) ___ ente   h) cora ___ em

c) ma ___ ia   f) gor ___ eta   i) pro ___ eto

2 Escreva o nome das imagens.

a)   c)   e)

_____   _____   _____

b)   d)   f)

_____   _____   _____

3 Ordene as sílabas para formar palavras.

a) | je | ra | dou | man | _____

b) | ca | ji | can | _____

c) | te | ger | pro | _____

A GRAMÁTICA

Numeral

Leia as frases a seguir.
Uma semana tem **sete** dias.
Moramos no **décimo** andar.
O **triplo** de dois é seis.
Comi **um oitavo** da *pizza*.

Nas orações acima, as palavras **sete**, **décimo**, **triplo** e a expressão **um oitavo** são **numerais**.

Veja, a seguir, como são classificados os numerais.

- Os **cardinais** indicam a **quantidade** de seres e objetos. Exemplo: Márcia tem **quatro** anéis.
- Os **ordinais** indicam a **ordem** ou a **posição** de seres ou objetos numa série. Exemplo: As garrafas estão na **terceira** prateleira.
- Os **multiplicativos** indicam a quantidade multiplicada. Exemplo: O **dobro** de dois é quatro.
- Os **fracionários** indicam a quantidade dividida. Exemplo: Li **um quarto** do livro.

Veja abaixo alguns cardinais e ordinais mais usados.

Cardinais	Ordinais	Cardinais	Ordinais
um	primeiro	cinquenta	quinquagésimo
dois	segundo	sessenta	sexagésimo
três	terceiro	setenta	septuagésimo
quatro	quarto	oitenta	octogésimo
cinco	quinto	noventa	nonagésimo
seis	sexto	cem	centésimo
sete	sétimo	duzentos	ducentésimo
oito	oitavo	trezentos	tricentésimo

nove	nono	quatrocentos	quadringentésimo
dez	décimo	quinhentos	quingentésimo
onze	décimo primeiro	seiscentos	sexcentésimo
doze	décimo segundo	setecentos	setingentésimo
treze	décimo terceiro	oitocentos	octingentésimo
quatorze	décimo quarto	novecentos	nongentésimo
vinte	vigésimo	mil	milésimo
trinta	trigésimo	milhão	milionésimo
quarenta	quadragésimo	bilhão	bilionésimo

Agora veja alguns numerais multiplicativos mais usados.

Cardinais	Multiplicativos	Cardinais	Multiplicativos
dois	duplo ou dobro	oito	óctuplo
três	triplo	nove	nônuplo
quatro	quádruplo	dez	décuplo
cinco	quíntuplo	onze	undécuplo
seis	sêxtuplo	doze	duodécuplo
sete	sétuplo	cem	cêntuplo

Alguns dos fracionários mais usados são: um meio, metade, um sétimo, um onze avos, um terço, um oitavo, um vinte avos, um quarto, um nono, um cem avos, um centésimo, um quinto, um décimo, um milésimo, um sexto.

ATIVIDADES

1 Escreva por extenso o ordinal correspondente.

a) 1º _____

b) 2º _____

c) 10º _____

d) 20º _____

e) 80º _____

f) 90º _____

2 Classifique os numerais destacados.

a) **sete** blocos _____

b) **décimo** andar _____

c) **dobro** de dois _____

d) **um terço** _____

e) **triplo** de nove _____

f) **um quinto** _____

3 Escreva os numerais correspondentes às imagens.

a) 12

b) 27º

c) 54º

d) 90º

e) 118

f) 63

4 Encontre no diagrama quatro numerais cardinais e quatro ordinais.

P	Q	O	S	R	A	C	H	E	M	Ç	M	U	S	X	R	D	M	N	I	E
Z	T	M	D	U	Z	E	N	T	O	S	E	M	P	O	T	R	W	A	X	Z
Ã	M	I	L	J	O	N	I	G	X	F	S	É	T	I	M	O	D	M	P	X
E	R	L	H	N	S	T	P	D	K	Y	D	Y	M	P	V	Z	K	L	F	I
T	Y	É	Z	Y	G	É	X	A	Ç	D	V	V	G	X	R	D	U	V	C	L
Y	I	S	A	E	L	S	E	I	S	A	J	I	T	O	I	T	A	V	O	O
T	S	I	R	D	I	I	C	T	D	R	A	N	N	Q	T	H	V	O	K	M
I	B	M	W	Q	B	M	B	M	P	O	X	T	P	M	Ç	R	X	I	M	C
N	A	O	E	A	F	O	P	T	R	B	M	E	U	S	X	R	D	A	Q	S

BRINCANDO COM A CRIATIVIDADE

Receita

Agora você escreverá uma receita.

Planejar e produzir

Siga as orientações.
1. Pense em um prato, salgado ou doce, de que você goste muito.
2. Pense nos ingredientes e na quantidade em que você acha que eles são usados nesse prato. Você não precisa saber exatamente do que ele é feito. Faça apenas suposições.
3. Escreva, então, o título da receita e a lista dos ingredientes.

- **Título:**
  _____

- **Ingredientes:**
  _____
  _____
  _____
  _____
  _____
  _____
  _____
  _____

4. Agora pense em como esse prato é preparado: no liquidificador, na batedeira, no forno, no fogão (em banho-maria), no micro-ondas.

- **Modo de preparo**
  _____
  _____
  _____
  _____
  _____

Reler, revisar e editar

1. Quando terminar, revise o texto e veja se todos os itens necessários estão listados adequadamente e se o texto ficou claro, sobretudo na seção **Modo de preparo**. Reescreva o que for necessário para melhorar a compreensão da receita.

Compartilhar

1. Agora a turma poderá montar um livro de receitas reunindo todos os textos feitos pelos alunos. Aproveite para ler as receitas que seus colegas criaram!

ORALIDADE

Seminário

1. O professor dividirá a turma em grupos que deverão pesquisar os nutrientes encontrados em frutas, verduras e legumes definidos previamente. Vocês podem buscar informações em enciclopédias, livros e revistas especializadas. Não se esqueçam de anotar as informações mais importantes que encontrarem.
2. Façam um roteiro da apresentação, listando tudo o que deverá ser exposto, a ordem a ser seguida e o conteúdo que cada integrante do grupo ficará responsável por falar.
3. Se for necessário, usem recursos que ajudem na exposição do tema, como fotos ou vídeos.
4. Depois que a apresentação estiver estruturada, ensaiem diversas vezes em grupo. Assim, no dia da apresentação, vocês se sentirão seguros para falar do assunto.
5. No dia do seminário, apresentem o tema com entusiasmo e aproveitem para descobrir novas informações sobre os alimentos pesquisados por seus colegas!

UNIDADE 14

TEXTO 1

Observe o cartaz abaixo. O que ele anuncia?
O que as imagens representam?
Agora leia as informações do cartaz.

REDESCUBRA A HISTÓRIA MAIS AMADA DE TODOS OS TEMPOS.

DUBLADO POR MARCOS CARUSO
DUBLADO POR LARISSA MANOELA

O Pequeno Príncipe

Baseado na obra-prima de Antoine de Saint-Exupéry

Um Filme de MARK OSBORNE

20 DE AGOSTO NOS CINEMAS

VERIFIQUE A CLASSIFICAÇÃO INDICATIVA DO FILME   DISPONÍVEL EM 2D E 3D

BRINCANDO COM O TEXTO

1 Circule no cartaz:
   a) o título do filme;
   b) a data de estreia nos cinemas.

2 Quem dirigiu o filme?
_____

3 Quantos dubladores são mencionados no cartaz? Qual é o nome deles?
_____
_____

4 O filme foi baseado em um livro. Sublinhe, no cartaz, o nome do autor desse livro.

5 Releia a primeira frase que aparece no cartaz e responda à questão.
   ▪ A que "história mais amada de todos os tempos" a frase se refere?
_____
_____

6 Na parte de baixo do cartaz está escrita a seguinte frase:
"Verifique a classificação indicativa do filme".
   a) O que isso significa?
_____
_____
_____

   b) Você imagina qual seja a classificação indicativa do filme O Pequeno Príncipe?
_____
_____
_____

SAIBA MAIS

Filmes e livros

Os filmes abaixo também foram baseados em livros famosos ou inspirados neles.

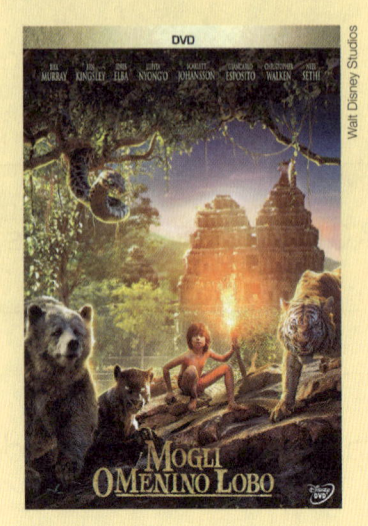

Mogli: o menino lobo (2016), de Jon Favreau, é baseado nos contos de *O livro da selva*, de Rudyard Kipling.

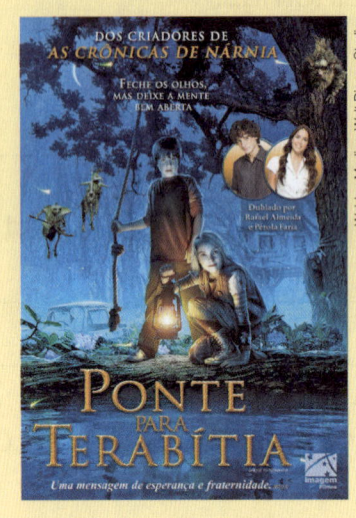

Ponte para Terabítia (2007), de Gabor Csupo, é baseado no romance homônimo de Katherine Paterson.

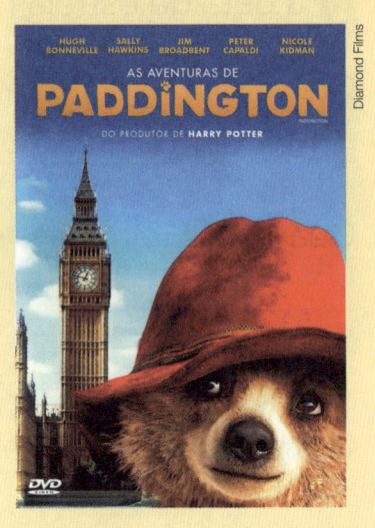

As aventuras de Paddington (2014), de Paul King, é baseado no personagem criado pelo escritor inglês Michael Bond.

BRINCANDO

1 Pinte o desenho e deixe em branco sete objetos estranhos à cena.

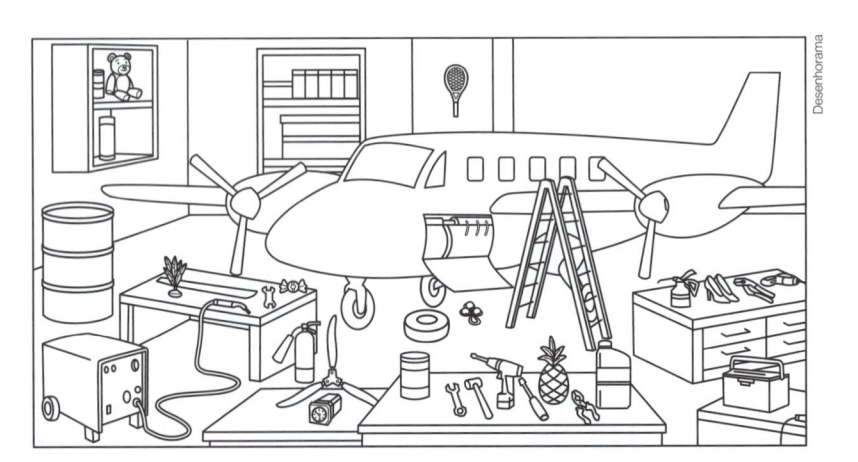

ATIVIDADES

1 Nas palavras **extinguiam** e **esplendor**, o **x** e o **s** representam o mesmo som. Copie as palavras a seguir substituindo ◆ por **x** ou **s**.

a) e ◆ petáculo

b) e ◆ pectativa

c) e ◆ pectador

d) mi ◆ tura

e) e ◆ tremo

f) e ◆ peculação

g) e ◆ cursão

h) e ◆ posição

2 As palavras a seguir são **homônimas**. Procure no dicionário o significado delas e crie uma frase para cada sentido encontrado.

a) experto/esperto

b) expectador/espectador

3 Dê o plural dos substantivos.

a) o limão

b) o pastel

c) o nariz

d) o lápis

e) o pires

f) o anzol

4 Copie as frases colocando os adjetivos no **grau superlativo absoluto sintético**.

a) Chão muito áspero.

b) Final muito feliz.

c) Gato muito fiel.

d) Menina muito prudente.

GRAMÁTICA

Pronome

Observe a imagem ao lado. Aqui estão duas **pessoas**. **Elas** vão às compras.

A palavra **pessoas** é um **substantivo**, um nome. A palavra **elas** refere-se ao nome **pessoas**. É um **pronome**.

> **Pronome** é a palavra que fica ou pode ficar no lugar do substantivo (nome) ou que a ele se refere.

Os pronomes são classificados em: **pessoais**, **demonstrativos**, **indefinidos**, **possessivos** e **relativos**.

Pronomes pessoais

Os pronomes pessoais dividem-se em **retos** e **oblíquos**. Veja.

Pessoa	Pronome reto	Pronome oblíquo
1ª pessoa do singular	eu	me, mim, comigo
2ª pessoa do singular	tu	te, ti, contigo
3ª pessoa do singular	ele, ela	o, a, lhe, se, si, consigo
1ª pessoa do plural	nós	nos, conosco
2ª pessoa do plural	vós	vos, convosco
3ª pessoa do plural	eles, elas	os, as, lhes, se, si, consigo

Observe:

1ª pessoa ⟶ quem fala
2ª pessoa ⟶ com quem se fala
3ª pessoa ⟶ de que ou de quem se fala

Os pronomes pessoais do caso reto desempenham, normalmente, função de sujeito. Exemplo: **Eles** gostam de dançar.

Para nos dirigirmos a reis, príncipes, governadores, juízes etc., precisamos de pronomes especiais. Esses pronomes são chamados **pronomes de tratamento**.

Conheça alguns deles.

Pronome de tratamento	Abreviatura do singular	Abreviatura do plural	Emprego
Vossa Majestade	V. M.	VV. MM.	reis e imperadores
Vossa Alteza	V. A.	VV. AA.	príncipes e duques
Vossa Santidade	V. S.	-	papa e cardeais
Vossa Eminência	V. Ema.	V. Emas.	altas autoridades
Vossa Excelência	V. Exa.	V. Exas.	Presidente da República
Excelentíssimo	Exmo.	Exmos.	autoridades menores e pessoas de respeito
Vossa Senhoria	V. Sa.	-	juízes
Ilustríssimo	Ilmo.	Ilmos.	juízes
Meritíssimo	MMo.	-	juízes
Reverendíssimo	Revmo.	-	sacerdotes
Senhor	sr.	srs.	tratamento de respeito para pessoas em geral
Senhora	sra.	sras.	tratamento de respeito para pessoas em geral
Senhorita	srta.	srtas.	tratamento de respeito para pessoas em geral
Você	v.	-	amigos, pessoas íntimas, iguais

ATIVIDADES

1 Escreva os pronomes de tratamento a que as abreviaturas se referem.

a) V. Sa. _____   d) V. S. _____

b) V. Exa. _____   e) sra. _____

c) V. A. _____   f) srtas. _____

2 Substitua os nomes pelos pronomes correspondentes.

a) João é aluno da escola. _____

b) Helena e Marcela são irmãs. _____

c) Eu e Leandro vamos ao jogo. _____

3 Assinale os **pronomes pessoais** que preenchem adequadamente as lacunas e copie-os nos espaços para complementar a frase.

a) _____ fomos com _____ até o autódromo.

☐ Você/você   ☐ Nós/você

b) _____ irá _____ ao médico.

☐ Ele/comigo   ☐ Tu/convosco

c) Quando Guilherme _____ telefonou, _____ estava dormindo.

☐ lhe/eu   ☐ nos/eles

4 Reescreva as frases substituindo as expressões destacadas por pronomes. Observe os modelos.

> Vou pegar **o ônibus**. Vou pegá-**lo**.
> Vou fazer **a reunião**. Vou fazê-**la**.

a) Vou tomar **sopa**. _____

b) Vou chamar **os colegas**. _____

c) Quero conhecer **Vitória**. _____

d) Vou buscar **as malas**. _____

BRINCANDO COM A CRIATIVIDADE

Cartaz de filme

É sua vez de criar um cartaz para um filme! Siga as orientações.

Planejar e produzir

1. Escolha um livro que você já leu e do qual gostou muito.
2. Imagine a história desse livro como se tivesse sido contada em um filme.
3. Crie uma imagem e escreva as informações sobre o filme que você inventou para o cartaz.
4. Você pode ser o diretor, o dublador ou um dos atores do filme.
5. Se precisar, veja as informações que aparecem no cartaz da página 200 para se inspirar.

Revisar e editar

1. Ao concluir, observe se as principais informações sobre o filme constam no cartaz. Se for necessário, acrescente os dados que faltam.

Compartilhar

1. Quando seu cartaz estiver pronto, mostre-o aos colegas e aproveite para ver o deles.

TEXTO 2

Você lerá agora um trecho de *O Pequeno Príncipe*. Você já leu esse livro? Leia o texto abaixo.

O Pequeno Príncipe

[...] Sempre houvera, no planeta do pequeno príncipe, flores muito simples, ornadas de uma só fileira de pétalas, e que não ocupavam lugar nem incomodavam ninguém. Apareciam certa manhã na relva, e já à tarde se extinguiam. Mas aquela brotara um dia de um grão trazido não se sabe de onde, e o principezinho vigiara de perto o pequeno broto, tão diferente dos outros. Podia ser uma nova espécie de **baobá**. Mas o arbusto logo parou de crescer, e começou então a preparar uma flor. O principezinho, que assistia à instalação de um enorme botão, bem sentiu que sairia dali uma aparição miraculosa; mas a flor não acabava mais de preparar-se, de preparar sua beleza, no seu verde quarto. Escolhia as cores com cuidado. Vestia-se lentamente, ajustava uma a uma suas pétalas. Não queria sair, como os cravos, amarrotada.

No radioso **esplendor** da sua beleza é que ela queria aparecer. Ah! sim. Era vaidosa. Sua misteriosa **toalete**, portanto, durara dias e dias. E eis que uma bela manhã, justamente à hora do sol nascer, havia-se, afinal, mostrado.

E ela, que se preparara com tanto esmero, disse, bocejando:

– Ah! Eu acabo de despertar... Desculpa... Estou ainda toda despenteada...

O principezinho, então, não pôde conter o seu espanto:

— Como és bonita!

— Não é? — respondeu a flor docemente. — Nasci ao mesmo tempo que o sol...

O principezinho percebeu logo que a flor não era modesta. Mas era tão **comovente**!

— Creio que é hora do almoço — acrescentou ela. — Tu poderias cuidar de mim...

E o principezinho, embaraçado, fora buscar um regador com água fresca, e servira à flor.

[...]

Antoine de Saint-Exupéry. *O pequeno príncipe*. 37. ed. Rio de Janeiro: Agir, 1990. p. 30-32.

GLOSSÁRIO

Baobá: árvore cujo tronco é bem grosso.

Comovente: que comove, emociona.

Esplendor: brilho; magnitude; beleza extrema.

Toalete: ato de lavar-se, vestir-se, arrumar-se.

BRINCANDO COM O TEXTO

1 O Pequeno Príncipe ficou espantado ao ver a flor porque:

☐ ela era bonita.

☐ ela falava.

☐ ela não tinha modéstia.

2 Por que o Pequeno Príncipe achou a flor comovente?
_____
_____

3 Por que o Pequeno Príncipe concluiu que a flor não era modesta?
_____
_____

4 A flor poderia viver de forma independente, isto é, sem ajuda de ninguém? Explique sua resposta.
_____
_____

BRINCANDO COM O APRENDIZADO

1 Separe em sílabas e reescreva as palavras.

a) atmosfera _____ _____

b) apto _____ _____

c) opção _____ _____

d) obstáculo _____ _____

e) advérbio _____ _____

f) observação _____ _____

2 Classifique as palavras quanto ao número de sílabas e à tonicidade. Veja o exemplo.

	inclusão	trissílaba	oxítona
a)	respeito		
b)	solidariedade		
c)	amizade		
d)	igual		

3 Dê os superlativos absolutos sintéticos das frases a seguir.

a) Água muito gelada.
_____

b) Rua muito curta.
_____

c) Poesia muito bonita.
_____

d) Operação muito delicada.
_____

GRAMÁTICA

Pronomes demonstrativos

Leia as frases e observe as imagens.

Eu comprei **esta** maçã.

Você quer **essa** maçã?

Quero comer **aquela** maçã.

As palavras **esta**, **essa** e **aquela** são pronomes demonstrativos. Veja quais são os pronomes demonstrativos:

esta	essa	aquela	estas	essas	aquelas
este	esse	aquele	estes	esses	aqueles
isto	isso	aquilo			

- Usamos **este**, **esta**, **estes**, **estas** ou **isto** quando o ser, o objeto ou a coisa está próximo da pessoa que fala. Exemplo: Eu comprei **esta** maçã.

- Usamos **esse**, **essa**, **esses**, **essas** ou **isso** quando o ser, o objeto ou a coisa está próximo da pessoa com quem estamos falando. Exemplo: Você quer **essa** maçã?

- Usamos **aquele**, **aquela**, **aqueles**, **aquelas** ou **aquilo** quando o ser, o objeto ou a coisa está afastado tanto da pessoa que fala quanto da pessoa com quem se fala. Exemplo: Quero comer **aquela** maçã.

Pronomes indefinidos

Leia a frase.
Na loja há **diversos** produtos novos, mas **ninguém** os comprou.

As palavras **diversos** e **ninguém** são pronomes indefinidos.

> O **pronome indefinido** acompanha ou substitui um substantivo (nome), dando **uma ideia vaga**, **imprecisa**, **indefinida**.

São pronomes indefinidos: algum, alguma, alguns, algumas, nenhum, nenhuma, nenhuns, nenhumas, muito, muita, muitos, muitas, pouco, pouca, poucos, poucas, todo, toda, todos, todas, alguém, ninguém, tudo, nada, cada, qualquer, quaisquer.

Pronomes possessivos

Leia as frases.

Minha casa é azul.

Meu primo me ligou.

Meu e **minha** são **pronomes possessivos**, isto é, pronomes que indicam posse.

Os pronomes possessivos são:

Pessoa	Pronome possessivo
1ª do singular	meu, minha, meus, minhas
2ª do singular	teu, tua, teus, tuas
3ª do singular	seu, sua, seus, suas, dele, dela
1ª do plural	nosso, nossa, nossos, nossas
2ª do plural	vosso, vossa, vossos, vossas
3ª do plural	seu, sua, seus, suas, deles, delas

Pronomes relativos

> Os **pronomes relativos** referem-se a um nome, a uma palavra que vem **antes** deles.

Exemplo: O vestido que ganhei é bonito.
O pronome **que** está se referindo à palavra **vestido**. O vestido, **o qual** ganhei, é bonito.

> **Que**, **quem**, **qual**, **quais**, **cujo**, **cujos**, **onde** são pronomes relativos.

ATIVIDADES

1 Circule apenas os pronomes demonstrativos.

para   essa   olá   aquele   adorar

isto   adorável   esse   aquilo   uma

2 Encontre no diagrama os pronomes indefinidos abaixo.

nada   tudo   nenhum   alguém   qualquer

D	T	N	R	Y	O	B	T	E	X	P	M	C	A	S	F	J
W	U	B	V	N	A	D	A	L	N	I	V	F	D	T	A	J
T	D	N	J	E	F	B	Q	U	A	L	Q	U	E	R	F	M
L	O	F	G	N	T	W	Y	T	U	H	A	G	R	U	K	B
T	D	B	Q	H	P	L	H	K	E	K	M	Q	B	N	F	E
A	L	N	G	U	G	H	A	L	G	U	É	M	G	H	G	N
H	Q	G	A	M	L	W	B	H	R	P	B	Y	G	L	O	W

3 Complete as frases com os pronomes relativos do quadro.

> a qual   que   cujo   a quem

a) O artista _____ cantou na festa era muito bom.

b) Comprei um livro _____ autor é meu vizinho.

c) Aquela música, _____ é a minha preferida, tocou no rádio.

d) Aquela é minha avó, _____ muito estimo.

4 Complete as frases com pronomes possessivos.

a) _____ gato é da raça angorá.

b) Essa bicicleta é _____ e aquela é _____.

c) _____ patins estão novos e os _____ estão velhos.

d) _____ cachorro é manso e o _____ é feroz.

5 Nas frases a seguir, relacione os termos destacados de acordo com a legenda.

A pronome relativo   C pronome demonstrativo
B pronome indefinido   D pronome possessivo

☐ Não vi **nenhum** estrangeiro na festa.

☐ Vi **essa** matéria no jornal de ontem.

☐ Eles viram **vários** animais na viagem.

☐ Mário viu **isso** na internet.

☐ Ali está o sujeito a **quem** me referia.

☐ **Nossas** notas melhoraram bastante.

BRINCANDO COM A CRIATIVIDADE

Narrativa

Nesta atividade você vai recontar a história que leu no Texto 2 como se fosse a flor.

Planejar e produzir

1. Leia novamente o texto e preste atenção aos detalhes e às modificações que você terá de fazer.
2. Dê um novo título ao texto.
3. Veja um exemplo de como fazer essas mudanças.

O príncipe estava cansado. Apesar de ter ótima forma física, ele tinha ficado muito agitado. Ele pensou em dormir cedo.	Eu estava cansada. Apesar da minha ótima forma física, eu tinha ficado muito agitada. Pensei em dormir cedo.

Reler, revisar e editar

1. Releia o texto que você criou verificando se a adaptação foi feita de modo adequado.
   Observe se você:
- reescreveu a história do Pequeno Príncipe fazendo-a ser narrada pela flor;
- se a narrativa ficou clara e interessante;
- escreveu as palavras e pontuou as frases corretamente;
- cuidou da concordância entre as palavras.
2. Reescreva o que for necessário.

Compartilhar

1. Em duplas, troquem de texto e leiam a produção do colega, observando suas escolhas linguísticas.

UNIDADE 15

TEXTO 1

Leia o título do texto. Qual é a relação entre um pastor e um lobo?

Leia o texto a seguir.

O pastorzinho e o lobo

Todos os dias, um jovem pastor levava um rebanho de ovelhas às montanhas perto da aldeia para que elas pudessem pastar.

Um dia, por brincadeira, ele começou a gritar lá de cima:

– Um lobo! Um lobo!

Os moradores pegaram pedaços de pau para caçar o lobo. E encontraram o pastorzinho às gargalhadas, dizendo:

– Eu só queria brincar com vocês!

Vendo que a brincadeira realmente assustava os aldeões, no dia seguinte o pastor gritou de novo:

– Um lobo!

E novamente os moradores da aldeia trataram de pegar suas armas de madeira.

O pastorzinho fez isso tantas vezes que as pessoas da aldeia não se importavam mais com seus gritos. Alguns dias se passaram e ele voltou a gritar:

– Um lobo! Um lobo! Socorram-me!

Ao ouvir aquilo, um dos homens disse aos outros:

– Eu não acredito. Ele não nos engana mais.

Mas dessa vez era um lobo de verdade, que acabou com todo o rebanho do pastorzinho.

"Ninguém acredita num mentiroso, mesmo quando é verdade."

Fábula de Esopo recontada pelos organizadores.

BRINCANDO COM O TEXTO

1 O que o pastorzinho fazia todos os dias?

☐ Levava bois para pastar.

☐ Levava ovelhas para pastar.

2 Qual foi a brincadeira que o pastorzinho resolveu fazer? O que as pessoas fizeram?

_____
_____
_____
_____

3 O que aconteceu no final da história?

_____
_____
_____
_____

4 Circule no texto a moral da fábula. Depois, converse com o professor e os colegas sobre o sentido dela.

ATIVIDADES

1 Transforme os numerais cardinais em ordinais escrevendo-os por extenso.

a) sete _____

b) trinta e três _____

c) quarenta e cinco _____

d) vinte e sete _____

2 Escreva o superlativo absoluto sintético das palavras abaixo.

a) feliz _____

b) útil _____

c) afinado _____

d) sério _____

e) baixo _____

f) grande _____

3 Analise as palavras destacadas.

a) **Os meninos** foram à **biblioteca**.

_____
_____
_____

b) A **professora** foi a **primeira** a chegar à escola.

_____
_____
_____

4 Classifique os substantivos destacados em **C** (concreto) ou **A** (abstrato).

☐ O **moço** regou as **plantas**.

☐ Ele sente **saudades** dela.

☐ Ele sentiu uma **alegria**.

☐ Derrubei a **xícara** no **chão**.

☐ A **viagem** será no **feriado**.

☐ As **andorinhas** voam em bando.

☐ A **parede** foi pintada de branco.

☐ Diga-me sempre a **verdade**.

A GRAMÁTICA

Verbo

Leia as frases.

Celeste **come** alface. Alexandre **saiu** com o amigo.

As palavras **come** e **saiu** são verbos que indicam **ação**, **movimento**. Leia estas outras frases.

Regina **está** feliz. Sérgio **é** valente.

As palavras **está** e **é** são verbos que indicam **estado**.

Há ainda verbos que indicam **fenômenos** da natureza. Veja estes exemplos:

Há muitos dias não **ventava** nem **chovia** tanto!

Portanto, verbo é uma palavra que indica **ação**, **estado** ou **fenômeno da natureza**.

As formas nominais do verbo são:
infinitivo – conversar;
gerúndio – conversando;
particípio – conversado.

Os verbos são agrupados em três conjugações:
- infinitivo terminado em **-ar**: 1ª conjugação – cantar, pular, rodar;
- infinitivo terminado em **-er**: 2ª conjugação – vender, viver, saber;
- infinitivo terminado em **-ir**: 3ª conjugação – sorrir, cair, dividir.

A terminação varia de acordo com as pessoas e o número do verbo.

São três as **pessoas** do verbo:
1ª: quem fala – eu e nós;
2ª: com quem se fala – tu e vós;
3ª: de quem se fala – ele/ela e eles/elas.

São dois os **números** do verbo:
singular – eu, tu, ele/ela;
plural – nós, vós, eles/elas.

São três os **tempos** do verbo:
presente – indica a ação que está acontecendo.
Exemplo: Mamãe corta o tecido.

> **pretérito (ou passado)** – indica uma ação que já aconteceu.
> Exemplo: Mamãe cortou o tecido.
> **futuro** – indica uma ação que ainda acontecerá.
> Exemplo: Mamãe cortará o tecido.

> São três os modos do verbo:
> **indicativo** – indica certeza. Exemplo: Cortei o tecido.
> **subjuntivo** – indica incerteza, dúvida, possibilidade.
> Exemplo: Se você cortasse o tecido...
> **imperativo** – indica ordem ou pedido. Exemplo: Menino, corte o tecido!

ATIVIDADES

1 Escreva os tempos verbais de cada frase.

a) Daiane vai ao cartório.
_____

b) Eles viajarão nas férias.
_____

c) Magali ensinará a receita.
_____

d) Pâmela acordou cedo hoje.
_____

2 Escreva uma frase para cada imagem. Em seguida, circule os verbos que você utilizou.

a)

b)

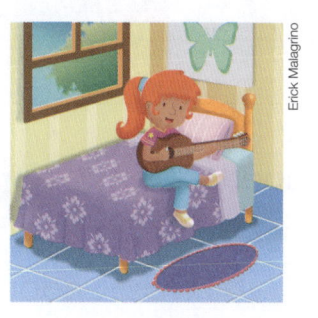

ORTOGRAFIA

Letra x com som de cs

1 Complete o nome das imagens com a letra que falta.

a) a ____ ila

b) tá ____ i

c) tó ____ ico

2 Complete as palavras com a letra **x**. Depois, copie-as.

a) fi ____ ar _____

b) bo ____ eador _____

c) o ____ igênio _____

d) ane ____ o _____

e) lé ____ ico _____

f) refle ____ ão _____

3 Faça conforme o modelo.

> nexo ne-xo dissílaba

a) crucifixo _____ _____

b) flexibilidade _____ _____

c) fixado _____ _____

4 Complete as palavras com **x**. Em seguida, circule apenas as que têm **x** com som de **cs**.

a) e ____ tinção

b) e ____ ercício

c) dure ____

d) e ____ ecrável

e) má ____ imo

f) se ____ agenário

g) ma ____ ilar

h) e ____ uberante

i) fi ____ ador

j) e ____ periente

k) e ____ trato

l) e ____ tinguir

BRINCANDO COM A CRIATIVIDADE

Narrativa

Você lerá a história a seguir e, depois, escreverá uma continuação para ela.

Era uma tarde ensolarada, de céu azul e pássaros voando. Meu amigo e eu caminhávamos pelo bosque quando encontramos um grande lago de águas calmas.

Estávamos distraídos observando a água quando, de repente, ouvimos um barulho estranho vindo do outro lado do lago.

Ficamos assustados sem saber o que estava por vir. Tínhamos medo de que fosse um desses animais que não estão acostumados com a presença das pessoas.

Resolvemos então nos aproximar de onde vinha o barulho para descobrir do que se tratava. Foi então que...

Planejar e produzir

1. Em uma folha de papel à parte, escreva a continuação da história. Seja bastante criativo e, ao final, ilustre uma cena dela.
2. Não se esqueça de descrever bem as cenas e criar diálogos entre os personagens.

Reler, revisar e editar

1. Releia seu texto e observe se há algo a ser corrigido, como ortografia e pontuação.

Compartilhar

1. O professor poderá reunir as histórias criadas em um livro de contos. Assim, toda a turma poderá pegar o livro e ler as histórias.

TEXTO 2

Leia o título do texto. Você já ouviu falar dessa história?
Leia o texto a seguir.

Robinson Crusoé (trecho)

Um dia, quando eu tinha dezenove anos, fui com um amigo até o porto de Hull. Ele ia embarcar no navio de seu pai, que seguiria para Londres, e convidou-me para acompanhá-lo. Lembrei dos sábios conselhos de meu pai, mas o chamado da aventura foi mais forte. Embarquei como marinheiro sem avisar ninguém da minha família.

Logo no primeiro dia, fiquei muito enjoado com o movimento do mar.

Um vento forte começou a soprar, o navio balançou muito e pensei que fosse morrer. Mais tarde, o tempo clareou e os outros marinheiros riram de mim.

[...]

A tempestade durou a noite inteira, e começou a entrar água no porão por um buraco no **casco**. Ajudei a bombear água para fora. Apesar de todo mundo trabalhar muito, o navio começou a afundar. Eu quase desmaiei de medo.

O **contramestre** dava tiros no ar para pedir ajuda. Um outro navio mandou um bote pelas águas bravas para nos salvar.

Abandonamos o navio e remamos com todas as nossas forças para a praia. Quando olhamos para trás, vimos nosso navio afundar de repente, levando toda a carga para o fundo do mar.

Se ainda estivéssemos **a bordo**, todos nós teríamos morrido!

Em terra, as pessoas do vilarejo nos receberam muito bem e lamentaram o nosso desastre. Deram-nos comida e um pouco de dinheiro para podermos voltar para casa.

Daniel Defoe. *Robinson Crusoé*. São Paulo: Scipione, 2014. p. 5-7. (Coleção Reencontro Infantil).

GLOSSÁRIO

A bordo: estar dentro da embarcação/navio.
Casco: fundo do navio.
Contramestre: substituto do capitão no comando do navio.

BRINCANDO COM O TEXTO

1 O texto narra a viagem que Robinson Crusoé fez em um:

☐ avião.   ☐ trem.   ☐ navio.

2 Como Robinson Crusoé se sentiu no primeiro dia de viagem? Por quê?

_____
_____

3 Assinale **F** para falso e **V** para verdadeiro.

☐ Apesar de a viagem ter sido agitada e longa, o navio chegou bem em Londres.

☐ Como a tempestade durou a noite inteira e tinha um buraco no casco do navio, entrou muita água no porão e isso fez o navio afundar.

☐ Robinson Crusoé não sentiu medo, mesmo com a forte tempestade e o naufrágio da embarcação.

☐ O contramestre conseguiu pedir ajuda e outro navio enviou botes salva-vidas.

4 Você acha que Robinson Crusoé agiu certo ao viajar sem avisar a família? Por quê?

_____
_____
_____
_____
_____
_____
_____

ATIVIDADES

1 Ordene as sílabas e escreva as palavras. Depois, indique a sílaba tônica no quadrinho.

a) ju | ca _____

b) pla | to | nal _____

c) pei | ra | pa | to _____

d) ma | te | ca | má | ti _____

e) re | car | tel _____

2 Passe as palavras para o feminino.

a) o rei _____

b) o advogado _____

c) o pato _____

d) o vereador _____

e) o compadre _____

f) o gerente _____

g) a baleia macho _____

h) o caçador _____

3 Reescreva as frases substituindo os **adjetivos** pelas **locuções adjetivas** correspondentes.

a) O parque estadual foi reformado.
_____

b) A lista de material escolar será divulgada hoje.
_____

c) Os animais selvagens devem viver na natureza.
_____

d) A loja de roupas esportivas está fechada.
_____

! SAIBA MAIS

A origem de Robinson Crusoé

A história que você leu no Texto 2 é um trecho de uma adaptação do livro *Robinson Crusoé*, do escritor inglês Daniel Defoe. O livro narra as aventuras do jovem Robinson Crusoé, que se lança ao mar europeu a bordo de uma embarcação e sofre um naufrágio perto de uma ilha deserta no mar do Caribe, no oceano Atlântico. Sobrevivente do naufrágio, Robinson Crusoé passa a viver nessa ilha, permanecendo lá por volta de vinte e oito anos, até ser resgatado por um navio inglês.

Curiosamente, esse personagem criado por Defoe existiu de verdade. A história foi inspirada no naufrágio real do marinheiro escocês Alexander Selkirk, que viveu sozinho por 4 anos e 4 meses em uma ilha na costa do Chile.

Dizem que Daniel Defoe leu a história do marinheiro, e foi assim que teve a ideia de criar o personagem para seu livro.

GRAMÁTICA

Verbo – 1ª conjugação

Os verbos da 1ª conjugação terminam em **-ar** quando estão no infinitivo.

Conheça a conjugação do verbo **falar**.

Indicativo		
Presente	**Pretérito imperfeito**	**Pretérito perfeito**
Eu fal**o**	Eu fal**ava**	Eu fal**ei**
Tu fal**as**	Tu fal**avas**	Tu fal**aste**
Ele/Ela fal**a**	Ele/Ela fal**ava**	Ele/Ela fal**ou**
Nós fal**amos**	Nós fal**ávamos**	Nós fal**amos**
Vós fal**ais**	Vós fal**áveis**	Vós fal**astes**
Eles/Elas fal**am**	Eles/Elas fal**avam**	Eles/Elas fal**aram**

Pretérito mais-que-perfeito	Futuro do presente	Futuro do pretérito
Eu fal**ara**	Eu fal**arei**	Eu fal**aria**
Tu fal**aras**	Tu fal**arás**	Tu fal**arias**
Ele/Ela fal**ara**	Ele/Ela fal**ará**	Ele/Ela fal**aria**
Nós fal**áramos**	Nós fal**aremos**	Nós fal**aríamos**
Vós fal**áreis**	Vós fal**areis**	Vós fal**aríeis**
Eles/Elas fal**aram**	Eles/Elas fal**arão**	Eles/Elas fal**ariam**

Imperativo	
Afirmativo	**Negativo**
Fal**a** (tu)	Não fal**es** (tu)
Fal**e** (você)	Não fal**e** (você)
Fal**emos** (nós)	Não fal**emos** (nós)
Fal**ai** (vós)	Não fal**eis** (vós)
Fal**em** (vocês)	Não fal**em** (vocês)

Subjuntivo		
Presente	**Pretérito imperfeito**	**Futuro**
Que eu fal**e**	Se eu fal**asse**	Quando eu fal**ar**
Que tu fal**es**	Se tu fal**asses**	Quando tu fal**ares**
Que ele/ela fal**e**	Se ele/ela fal**asse**	Quando ele/ela fal**ar**
Que nós fal**emos**	Se nós fal**ássemos**	Quando nós fal**armos**
Que vós fal**eis**	Se vós fal**ásseis**	Quando vós fal**ardes**
Que eles/elas fal**em**	Se eles/elas fal**assem**	Quando eles/elas fal**arem**

Formas nominais	
Particípio	**Gerúndio**
Fal**ado**	Fal**ando**

Formas nominais	
Infinitivo impessoal	Infinitivo pessoal
Fal**ar**	Fal**ar** eu
	Fal**ares** tu
	Fal**ar** ele/ela
	Fal**armos** nós
	Fal**ardes** vós
	Fal**arem** eles/elas

ATIVIDADES

1 Complete as frases com os verbos do quadro.

> costurar   cortar   apagar

a) A bombeira _____ o fogo.

b) O cabeleireiro _____ os cabelos.

c) O alfaiate _____ as roupas.

2 Copie as frases e substitua as palavras destacadas usando o infinitivo, como no exemplo.

> Quando **viajei**, fiquei com saudades.
> Ao **viajar**, fiquei com saudades.

a) Quando me **expressei**, senti-me melhor.

_____

b) Quando **entrei** na sala, ela falou comigo.

_____

3 Complete os espaços com os verbos nos tempos pedidos.

a) Eu _____ tarde ontem à noite. (**chegar**, pretérito perfeito do indicativo)

b) Ela _____ aí quando retornar. (**passar**, futuro do presente do indicativo)

c) Você _____ de suco de abacaxi? (**gostar**, presente do indicativo)

d) Gilson _____ muito de bicicleta. (**andar**, pretérito imperfeito)

4 Escreva a pessoa, o tempo e o modo dos verbos.

a) caminharão _____

b) beijardes _____

c) desenharia _____

d) abaixei _____

5 Elabore frases de acordo com a ação representada nas imagens.

a)

b)

c)

BRINCANDO COM A CRIATIVIDADE

Narrativa

Agora imagine que seu navio naufraga, mas você consegue nadar até uma ilha deserta. Escreva um texto contando suas aventuras.

Planejar e produzir

1. Lembre-se de descrever a ilha e tudo o que há nela em detalhes. Na ilha há animais? Pessoas? Como é a vegetação do local?

Reler, revisar e editar

1. Releia o texto e observe se sua história cativa o leitor. Verifique também a ortografia e a pontuação do seu texto e faça as correções necessárias.

Compartilhar

1. Com a ajuda do professor, crie um *blog* da turma onde você e seus colegas poderão expor suas criações.

BRINCANDO

1. Complete o diagrama com o nome dos animais das fotografias.

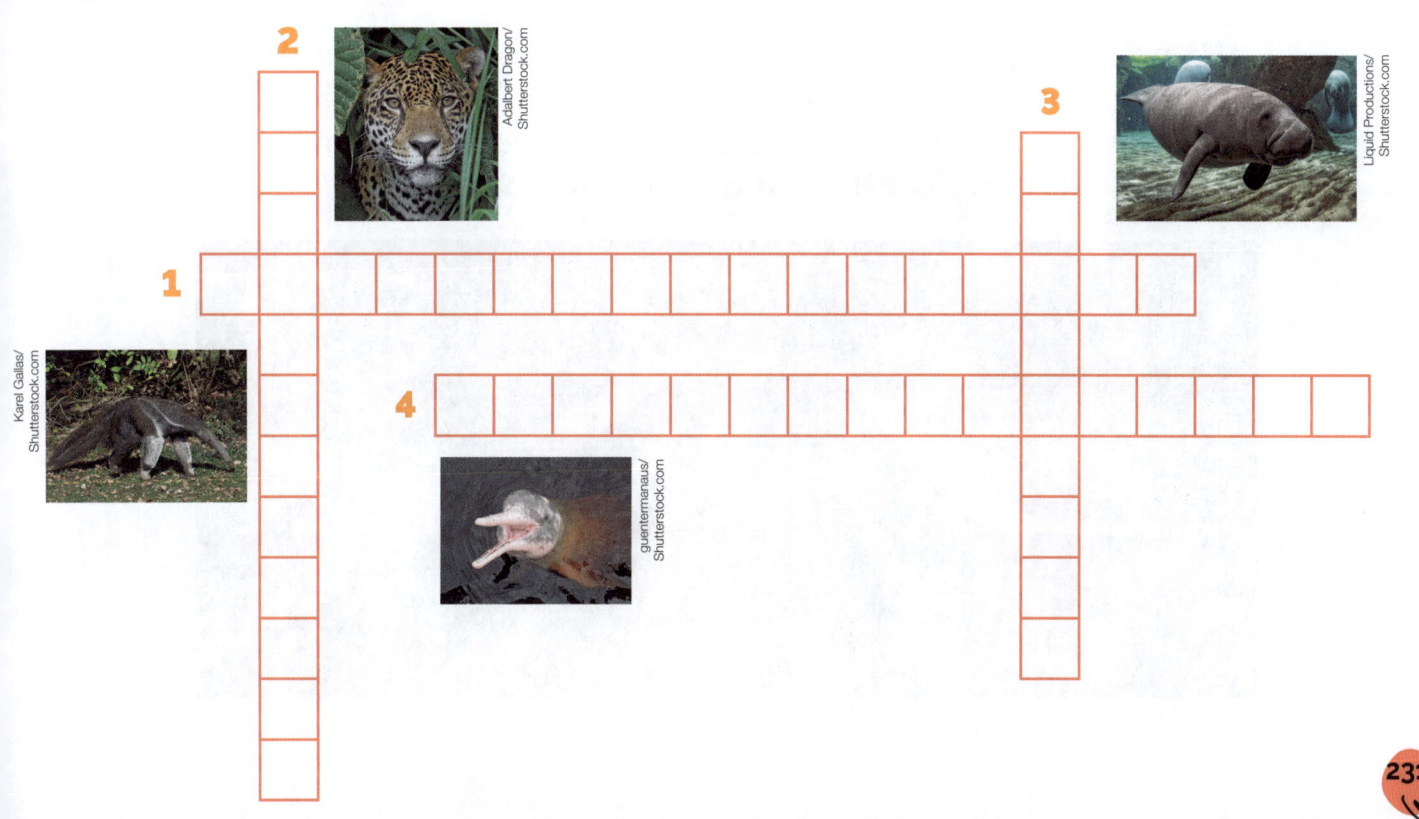

UNIDADE 16

TEXTO 1

Você lerá agora uma notícia. Quando ela foi publicada?
Onde ela foi publicada?
Leia o texto a seguir.

https://www.goiasmais20.com.br/icmbio-inaugura-trilha-para-portadores-de-deficencia/

ICMBio inaugura trilha para portadores de deficiência

Na próxima quarta-feira (26), o Instituto Chico Mendes de Conservação da Biodiversidade (ICMBio) deve inaugurar a trilha com acesso a deficientes na Reserva Particular do Patrimônio Natural (RPPN) Airumã, em Curitiba (PR).

Luiz Santos Junior

De acordo com a proprietária da reserva, Terezinha Vareschi, a trilha foi planejada de forma a proporcionar total acesso a pessoas com mobilidade reduzida e com deficiências sensoriais.

A previsão é que o equipamento seja inaugurado em 26 de outubro.

Terezinha disse ainda que a área externa da trilha foi construída em parte com blocos de concreto [...]. "Eles foram descartados por apresentar pequenos defeitos de fabricação, mas isso não os invalidou para nosso objetivo", explicou ela.

Segundo a proprietária, a parte interna do bosque, que é elevada para permitir a passagem de fauna e mínima intervenção na flora, foi executada em "madeira plástica", produzida a partir de resíduos de madeira e de plásticos inservíveis ao reuso humano, transformados em material inerte e resistente ao ataque de fungos e insetos, praticamente eliminando custos de manutenção.

Serviço:
A RPPN Airumã fica na Rua Fredolin Wolf, 3539, Curitiba (PR), onde também está sediada a Associação dos Protetores de Áreas Verdes (Apave).

Marcelo Safadi. ICMBio inaugura trilha para portadores de deficiência. *Goiás mais 20*, Goiânia, 2 nov. 2016. Disponível em: https://www.goiasmais20.com.br/icmbio-inaugura-trilha-para-portadores-de-deficencia/. Acesso em: 17 jul. 2020.

BRINCANDO COM O TEXTO

1 Relacione corretamente as palavras ao sentido delas no texto.

a) biodiversidade

b) deficiência sensorial

c) inservível

d) intervenção

e) inerte

f) reúso

g) invalidar

☐ Sem atividade ou movimento, imóvel.

☐ Reutilização, ato ou efeito de usar novamente.

☐ Conjunto das espécies de seres vivos existentes em determinada região.

☐ Que não serve, sem utilidade.

☐ Não funcionamento total ou parcial de algum dos cinco sentidos.

☐ Tornar sem efeito, fazer perder a validade.

☐ Mudança, alteração.

2 Sobre o que trata o texto?
_____
_____
_____
_____
_____

3 Qual é a relação entre o texto e a fotografia que o acompanha?
_____
_____
_____
_____

4 Localize no texto e escreva a data da inauguração da trilha: _____

5 O texto, portanto, trata de uma notícia:

☐ que aconteceria no futuro.

☐ que aconteceu no passado.

6 Qual é o significado das siglas ICMBio e RPPN?
_____
_____

7 Ligue os materiais à parte em que foram usados.

| blocos de concreto | área interna do bosque |

| "madeira plástica" | área externa da trilha |

8 Converse com o professor e os colegas sobre a importância desse tipo de ação para as pessoas com deficiência.

ATIVIDADES

1 Troque os termos destacados pelo pronome oblíquo correspondente.

a) Vamos levar **as bolsas**.
_____

b) Jairo comprou **o bilhete**.
_____

c) Sônia inscreveu **a irmã**.
_____

2 Transforme o verbo em destaque na frase de acordo com o que se pede.

> Com os rostos protegidos, **buscavam** se acomodar.

a) presente do indicativo
_____
_____

b) futuro do presente
_____
_____

c) 1ª pessoa do plural no pretérito imperfeito
_____
_____

3 Use **o** ou **a** para indicar o gênero dos substantivos.

a) ___ borracha   e) ___ canção   i) ___ computador
b) ___ placa   f) ___ agenda   j) ___ barco
c) ___ comércio   g) ___ televisão   k) ___ hospital
d) ___ sapato   h) ___ partida   l) ___ cinema

GRAMÁTICA

Verbo – 2ª conjugação

Leia as frases.

Papai **comeu** o bolo.

Ana **escolheu** o gibi.

Daniel **escreverá** a carta.

Comer, **escolher** e **escrever** são verbos da 2ª conjugação porque o infinitivo termina em **-e**r.

Conheça a conjugação do verbo **vender**.

Indicativo		
Presente	**Pretérito imperfeito**	**Pretérito perfeito**
Eu vend**o**	Eu vend**ia**	Eu vend**i**
Tu vend**es**	Tu vend**ias**	Tu vend**este**
Ele/Ela vend**e**	Ele/Ela vend**ia**	Ele/Ela vend**eu**
Nós vend**emos**	Nós vend**íamos**	Nós vend**emos**
Vós vend**eis**	Vós vend**íeis**	Vós vend**estes**
Eles/Elas vend**em**	Eles/Elas vend**iam**	Eles/Elas vend**eram**

Pretérito mais-que-perfeito	**Futuro do presente**	**Futuro do pretérito**
Eu vend**era**	Eu vend**erei**	Eu vend**eria**
Tu vend**eras**	Tu vend**erás**	Tu vend**erias**
Ele/Ela vend**era**	Ele/Ela vend**erá**	Ele/Ela vend**eria**
Nós vend**êramos**	Nós vend**eremos**	Nós vend**eríamos**
Vós vend**êreis**	Vós vend**ereis**	Vós vend**eríeis**
Eles/Elas vend**eram**	Eles/Elas vend**erão**	Eles/Elas vend**eriam**

Imperativo	
Afirmativo	**Negativo**
Vende tu	Não vendas tu
Venda você	Não venda você
Vendamos nós	Não vendamos nós
Vendei vós	Não vendais vós
Vendam vocês	Não vendam vocês

Subjuntivo		
Presente	**Pretérito imperfeito**	**Futuro**
Que eu venda	Se eu vendesse	Quando eu vender
Que tu vendas	Se tu vendesses	Quando tu venderes
Que ele/ela venda	Se ele/ela vendesse	Quando ele/ela vender
Que nós vendamos	Se nós vendêssemos	Quando nós vendermos
Que vós vendais	Se vós vendêsseis	Quando vós venderdes
Que eles/elas vendam	Se eles/elas vendessem	Quando eles/elas venderem

Formas nominais	
Infinitivo impessoal	**Gerúndio**
Vender	Vendendo

Infinitivo pessoal	**Particípio**
Vender eu	Vendido
Venderes tu	
Vender ele/ela	
Vendermos nós	
Venderdes vós	
Venderem eles/elas	

ATIVIDADES

1 Complete as frases com os verbos no pretérito imperfeito do subjuntivo e no futuro do pretérito de forma que elas tenham sentido. Veja o exemplo.

> Se eu **comparecesse** à festa, eu **ficaria** alegre.

a) Se nós _____ à festa, nós _____ alegres.

b) Se tu _____ à festa, tu _____ alegre.

c) Se vós _____ à festa, vós _____ alegres.

d) Se ele _____ à festa, ele _____ alegre.

2 Escreva a pessoa e o número dos verbos. Observe o modelo.

> corri ⟶ 1ª pessoa do singular

a) correrão _____

b) apareciam _____

c) esquecerás _____

3 Empregue, nas frases, os verbos do quadro no presente do subjuntivo.

> escrever   endurecer   beber   bater

a) Talvez tu _____ o leite.

b) Talvez a gelatina _____ até amanhã.

c) Talvez ele _____ uma carta hoje.

d) Talvez eu _____ no canto da mesa

PESQUISANDO

1 Faça uma pesquisa sobre ações inclusivas, como a que você leu no Texto 1.

Anote no caderno o que descobrir. Veja, a seguir, a fotografia e a legenda de uma dessas ações como exemplo.

A Cia. Solas de Vento apresenta a peça infantil *A volta ao mundo em 80 dias* com audiodescrição, para pessoas com deficiência visual, e em Libras, para pessoas com deficiência auditiva. São Paulo (SP), 2017.

BRINCANDO COM A CRIATIVIDADE

Resumo

Com base em sua pesquisa, elabore um resumo do que você descobriu.

Planejar e produzir

1. Escreva o que você achou mais interessante.
2. Se possível, informe o local onde cada ação inclusiva que você pesquisou ocorreu.

Reler, revisar e editar

1. Releia seu resumo observando se ele contém as principais informações que você encontrou.
2. Revise seu texto e faça os ajustes necessários.

Compartilhar

1. Compartilhe o texto com os colegas e o professor.

TEXTO 2

O que você lerá agora?
Você conhece o personagem do menino a seguir?
Leia o texto abaixo.

Quadrinho 1: ENTÃO QUANDO VOCÊ CRESCER VAI CUIDAR DA NATUREZA?!

Quadrinho 2: ESPERO QUE SIM! DEPENDE DE VOCÊS!

Quadrinho 3: TENTEM NÃO DESTRUIR TUDO ATÉ LÁ!

Armandinho, de Alexandre Beck — beckilustras@gmail.com

BRINCANDO COM O TEXTO

1 Quais são os personagens dessa tirinha?
_____
_____

2 Qual é o tema da tirinha?

☐ Crescimento.

☐ Meio ambiente.

☐ Disciplina.

3 Por que a tirinha é engraçada? Explique com suas palavras.
_____
_____
_____
_____
_____

4 Releia o segundo quadrinho e responda:

a) Quando o menino diz "Depende de vocês!", o pronome "vocês" se refere a quem?

☐ À mulher.   ☐ Ao sapo.   ☐ Aos adultos.

b) Como você chegou a essa conclusão?

_____

5 Releia o terceiro quadrinho da tirinha e responda: O que quer dizer "destruir tudo"?

_____

6 E se a tirinha tivesse mais um quadrinho? O que a mulher poderia responder? Pense e desenhe um quarto quadrinho com a resposta dela.

PEQUENO CIDADÃO

Tecnologia e inclusão

Muitas vezes, precisamos da tecnologia em situações do dia a dia, como ligar a cafeteira elétrica para preparar o café da manhã; ligar o computador para fazer pesquisas na internet, fazer compras ou pagar contas; usar o celular para dar um recado ou aviso e mais um monte de coisas; brincar com o *video game* ou outros jogos eletrônicos; ir ao banco e usar o caixa eletrônico para retirar dinheiro; ver televisão etc.

Fazemos isso e nem percebemos a quantidade de tecnologia que estamos usando. É como respirar, andar, falar – não damos muita atenção.

Enquanto para alguns as inovações tecnológicas deixam a vida mais fácil e agradável, para quem tem algum tipo de deficiência, elas são fundamentais porque tornam várias ações possíveis.

Já existem aplicativos e acessórios para celulares que ajudam as pessoas cegas e surdas. Por exemplo, há um aplicativo que transforma textos e imagens em língua de sinais (Libras), e outro que ajuda a descrever o que aparece na tela do telefone celular.

É a tecnologia auxiliando na inclusão das pessoas com deficiência.

1 Faça uma pesquisa na internet sobre produtos desenvolvidos para pessoas com deficiência. Leia-a para os colegas e o professor.

ATIVIDADES

1 Escreva por extenso os numerais ordinais.

a) 23º _____

b) 7º _____

c) 15º _____

d) 76º _____

2 Separe as palavras em sílabas e circule aquelas que apresentam tritongo.

a) água _____

b) Uruguai _____

c) peixaria _____

d) quaisquer _____

e) enxágue _____

f) panela _____

g) saguão _____

h) Jalapão _____

i) Paraguai _____

j) qualidade _____

3 Complete o diagrama com as conjugações do verbo **cantar** indicadas a seguir.

1 Presente do indicativo, 3ª pessoa do plural.
2 Pretérito mais-que-perfeito do indicativo, 3ª pessoa do singular.
3 Futuro do presente do indicativo, 2ª pessoa do plural.
4 Futuro do pretérito do indicativo, 1ª pessoa do singular.
5 Pretérito imperfeito do subjuntivo, 1ª pessoa do plural.

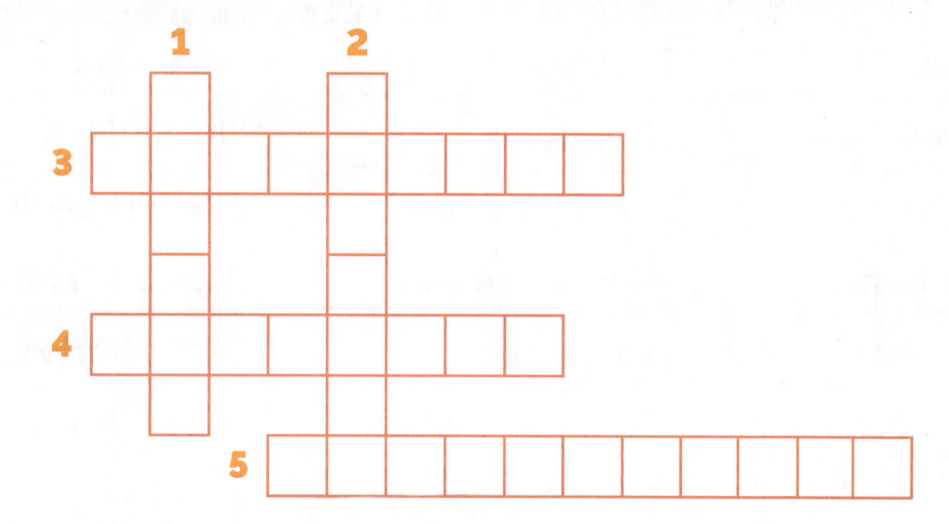

GRAMÁTICA

Verbo – 3ª conjugação

Leia as frases.
O garoto **abriu** a porta.
A pomba **surgiu** no telhado.
Célia vai **repartir** a torta.

Abrir, **surgir** e **repartir** são verbos da 3ª conjugação porque o infinitivo termina em **-ir**.

Conheça a conjugação do verbo **partir**.

Indicativo		
Presente	**Pretérito imperfeito**	**Pretérito perfeito**
Eu part**o**	Eu part**ia**	Eu part**i**
Tu part**es**	Tu part**ias**	Tu part**iste**
Ele/Ela part**e**	Ele/Ela part**ia**	Ele/Ela part**iu**
Nós part**imos**	Nós part**íamos**	Nós part**imos**
Vós part**is**	Vós part**íeis**	Vós part**istes**
Eles/Elas part**em**	Eles/Elas part**iam**	Eles/Elas part**iram**

Pretérito mais-que-perfeito	**Futuro do presente**	**Futuro do pretérito**
Eu part**ira**	Eu part**irei**	Eu part**iria**
Tu part**iras**	Tu part**irás**	Tu part**irias**
Ele/Ela part**ira**	Ele/Ela part**irá**	Ele/Ela part**iria**
Nós part**íramos**	Nós part**iremos**	Nós part**iríamos**
Vós part**íreis**	Vós part**ireis**	Vós part**iríeis**
Eles/Elas part**iram**	Eles/Elas part**irão**	Eles/Elas part**iriam**

| Imperativo ||
Afirmativo	Negativo
Parte tu	Não partas tu
Parta você	Não parta você
Partamos nós	Não partamos nós
Parti vós	Não partais vós
Partam vocês	Não partam vocês

| Subjuntivo |||
Presente	Pretérito imperfeito	Futuro
Que eu parta	Se eu partisse	Quando eu partir
Que tu partas	Se tu partisses	Quando tu partires
Que ele/ela parta	Se ele/ela partisse	Quando ele/ela partir
Que nós partamos	Se nós partíssemos	Quando nós partirmos
Que vós partais	Se vós partísseis	Quando vós partirdes
Que eles/elas partam	Se eles/elas partissem	Quando eles/elas partirem

| Formas nominais ||
Infinitivo impessoal	Gerúndio
Partir	Partindo

Infinitivo pessoal	Particípio
Partir eu	Partido
Partires tu	
Partir ele/ela	
Partirmos nós	
Partirdes vós	
Partirem eles/elas	

ATIVIDADES

1 Escreva a pessoa, o tempo e o modo dos verbos destacados.

a) **Partiremos** de avião logo pela manhã.
_____

b) **Corrijo** os testes que foram feitos pelos alunos.
_____

c) Se **partissem** muito tarde, eles não chegariam a tempo.
_____

2 Conjugue o verbo **dividir** no presente do subjuntivo.

a) Que eu _____ a pizza.

b) Que tu _____ a pizza.

c) Que ele _____ a pizza.

d) Que nós _____ a pizza.

e) Que vós _____ a pizza.

f) Que eles _____ a pizza.

3 Reescreva as frases na 1ª pessoa do plural.

a) Eu assumi a culpa. _____

b) Ele abria os pacotes. _____

c) Tu fugiste dos mosquitos. _____

d) Ela descobriu o segredo! _____

e) Eles cairão na brincadeira. _____

4 Complete as frases com o que é pedido nos parênteses.

a) Quando a professora _____ as tarefas, eu começarei a lição.
   (**dividir**, futuro do subjuntivo)

b) As águas _____ rapidamente nessa parte do rio.
   (**fluir**, presente do indicativo)

BRINCANDO COM A CRIATIVIDADE

Campanha

Você e sua turma organizarão uma campanha sobre a importância da coleta seletiva de lixo.

Planejar, produzir e compartilhar

1. Nesta atividade, a turma será organizada em grupos. Cada um será responsável por uma das tarefas a seguir.
- Produção de cartazes que expliquem a campanha. Esses cartazes deverão ser afixados em locais de grande circulação de pessoas.
- Em data previamente agendada, realização de seminários sobre a importância da coleta seletiva de lixo para alunos de outros anos.
- Pintura e instalação de latões de lixo em vários locais da escola, como pátio, corredores, refeitório, entre outros.
- Resolução da destinação de latinhas e plásticos.

Caprichem, pois é uma campanha muito importante!

Revisar

1. Cada grupo, depois de fazer sua tarefa, deve revisá-la. Portanto, verifiquem se:
- a ortografia e a pontuação dos textos dos cartazes estão corretas e se eles transmitem a mensagem de modo claro;
- os seminários sobre a importância da coleta seletiva de lixo ajudaram a conscientizar os alunos de outras turmas;
- os latões de lixo estão adequados e devidamente instalados em locais de muito movimento;
- a destinação de latinhas e plásticos é adequada.

Caso sejam localizadas falhas em alguma das tarefas, conversem com o professor sobre a melhor maneira de corrigi-las a fim de alcançar maior êxito na campanha.

BRINCANDO

1 Ajude o Juca e a Mariana a fazerem a trilha para que tenham uma vista de toda a reserva.

ORALIDADE

Telejornal

1. Em trios, vocês se organizarão para apresentar um telejornal. Ele pode ter dois apresentadores e um repórter, ou um apresentador e dois repórteres.
2. Vocês selecionarão notícias relativas à preservação da natureza, seja sobre acontecimentos passados, seja sobre eventos que ainda vão ocorrer. Podem, inclusive, noticiar a campanha de coleta seletiva de lixo feita pela turma.
3. Depois de selecionarem as notícias, façam um roteiro de tudo o que será apresentado no telejornal, indicando a ordem de apresentação e escolham um nome para ele.
4. Ao iniciar o telejornal, o(s) apresentador(es) deve(m) cumprimentar os ouvintes e anunciar apenas as manchetes das notícias que serão apresentadas. Em seguida, elas serão exibidas por completo pelos apresentadores e repórteres.
5. Ao concluir o telejornal, lembrem-se de se despedir dos ouvintes.

UNIDADE 17

TEXTO 1

Observe a composição do texto. O que você acha que lerá?
Leia o título. Quais animais com chifres você conhece?
Leia o texto abaixo.

O coelho e a festa dos animais com chifres

(Peça infantil adaptada de um conto chuabo[1])

Personagens:

Coelho
Coelha
Búfalo
Cabrito

Rinoceronte
Vaca
Antílope
Girafa

Cena 1

(Coelho e Coelha entram em cena. O palco do teatro está caracterizado como uma pequena floresta. Os dois se escondem no meio do mato alto e, como venta, a Coelha segura as grandes orelhas enfeitadas com dois enormes laços vermelhos. O Coelho levanta os óculos escuros que está usando e os coloca no alto da cabeça. Protegendo os olhos da claridade, coloca uma das mãos entre o rosto e o sol enquanto aponta para a frente com a outra mão).

[1] Povo chuabo – concentra-se no centro da província de Zambezia, Moçambique, até a fronteira com o Malauí. O nome Chuabo significa "povo do forte", pois esse grupo ocupa as imediações do que foram os principais fortes portugueses no período da colonização.

COELHO – Olha! Olha! Está vendo?
COELHA – Nossa!... Você disse que eram muitos, mas eu não poderia imaginar que havia tantos animais de chifre na floresta.
COELHO – Na floresta, na savana, mesmo no deserto, e estão todos vindo para cá.
COELHA – Para a grande festa?
COELHO – É, a maior e melhor festa da floresta. Você não concorda comigo que é uma grande injustiça nós não participarmos?
COELHA – Não podemos mesmo?
COELHO – Nem pôr os pés na porta.
COELHA – Por que não temos chifres?
COELHO – Exatamente.
COELHA – Que absurdo!
COELHO – Preconceito, isso sim. Ah, mas eu não vou deixar que...
COELHA – Quê? Você vai à festa?
COELHO – Pode apostar as suas orelhinhas como vou.
COELHA – Mas que bobagem! Você não tem chifre...
COELHO – E desde quando um pequeno detalhe como esse me impediu de conseguir o que quero?
COELHA – Você tá maluco! E se eles te pegarem?
COELHO – Primeiro, minha querida, eles terão que pegar, não é mesmo?
COELHA – Mas e se eles te pegam na festa? Aqueles chifres todos... nossa, eu não quero nem pensar o que poderiam fazer contigo!...
COELHO – Pois então não pense!
COELHA – Mas como?
COELHO – Por quem você me toma, fofinha? Eu não sou nenhum tonto. Não vou ficar esperando algum deles desconfiar.
COELHA – Coelhinho, meu querido coelhinho...[1]
COELHO – Está decidido! Irei à festa dos animais com chifres!
COELHA – Ai, meu Deus!...[2]

Cena 2
(Coelho e Coelha entram em cena, O Coelho vem carregando um monte de objetos: ossos de vários tamanhos, chifres de todas as formas, peles de outros animais etc.)

---

[1] (Coelho anda de um lado para o outro pelo palco, peito estufado, arrogante. Tira e coloca os óculos.)
[2] (Os dois saem de cena.)

COELHA – Afinal de contas, que confusão toda é essa, coelhinho?
COELHO – Coisas...
COELHA – Que coisas?
COELHO – Coisas...
COELHA – Isso eu sei, não sou cega!
COELHO – Parece.
COELHA – Ah, você acha, é?
COELHO – Você viu de onde tirei tudo isso, não?
COELHA – Da toca, ora...
COELHO – Pois é, isso tudo é parte da minha coleção.
COELHA – Mas como você conseguiu tudo isso?
COELHO – Caçando. De que outro jeito seria?[3]
COELHA – Caçando, você?
COELHO – É... Minha nossa, como pergunta essa coelha!
COELHA – Leões, leopardos... elefantes!

Júlio Emílio Braz. *Moçambique*. São Paulo: Moderna, 2011. p. 61-64.

[3] (Coelha apanha alguns chifres e fica contemplando-os com descrença.)

BRINCANDO COM O TEXTO

1 Os textos teatrais apresentam muitas falas. Como elas são identificadas no texto que você acabou de ler?

_____

2 Releia os fragmentos abaixo.

COELHA – Coelhinho, meu querido coelhinho...[1]
[1] (Coelho anda de um lado para o outro pelo palco, peito estufado, arrogante. Tira e coloca os óculos.)
COELHA – Ai, meu Deus!...[2]
[2] (Os dois saem de cena.)

O que os textos numerados, à direita das falas dos personagens, representam?

_____

3 Por que os coelhos não foram convidados para a festa da floresta?

_____

4 Mesmo sem ser convidado, o Coelho decide ir à festa. A Coelha apoia a decisão? Justifique citando um trecho do texto.

_____

5 Relacione as palavras a seguir às imagens que as representam.

1. Floresta
2. Savana
3. Deserto

6 Cite um animal encontrado em cada um desses ambientes.

_____

ATIVIDADES

1 Separe as palavras em sílabas.

a) admirável _____

b) surpreendente _____

c) ventilador _____

d) incolor _____

e) amparada _____

f) caramujo _____

g) absoluto _____

h) celular _____

i) garrafa _____

j) conteúdo _____

k) então _____

l) faísca _____

2 Reescreva as frases substituindo os termos destacados pelo pronome oblíquo.

a) Pintaram **a parede**. _____

b) Vou vestir **o bebê**. _____

c) Chamaram **a professora**. _____

d) Puseram **a torta** no prato. _____

3 Observe a frase e modifique-a conforme solicitado.

> Eu acho que, se Lena voltasse, encontraria muitas novidades.

a) Nós _____ que, se nós _____, _____ muitas novidades.

b) Eles _____ que, se eles _____, _____ muitas novidades.

c) Você _____ que, se você _____, _____ muitas novidades.

GRAMÁTICA

Verbo pôr e outros verbos irregulares

Leia a frase a seguir.

Maria **põe** o livro na estante.

O verbo **pôr** e seus compostos, como **repor**, **propor**, **compor** e **dispor**, são considerados verbos da 2ª conjugação.

Ele é um verbo irregular.

> Um verbo é **regular** quando, ao ser conjugado, não sofre variação do radical, ou seja, da parte da palavra que exprime sua ideia principal, seu significado. Por exemplo, **terr**- é o radical das palavras **terra**, **terreiro** etc.

Falar, **comer** e **partir** são exemplos de verbos regulares. Observe algumas conjugações do verbo **falar**.

Presente do indicativo	Futuro do presente	Presente do subjuntivo
Eu falo	Eu falarei	Que eu fale
Tu falas	Tu falarás	Que tu fales
Ele/Ela fala	Ele/Ela falará	Que ele/ela fale
Nós falamos	Nós falaremos	Que nós falemos
Vós falais	Vós falareis	Que vós faleis
Eles/Elas falam	Eles/Elas falarão	Que eles/elas falem

O radical **fal-** permanece o mesmo em todos os tempos e modos.

> Um verbo é **irregular** quando sofre variação no radical.

Exemplos de verbos irregulares: **ser**, **ter**, **dizer**, **fazer** etc. Observe algumas conjugações do verbo **fazer**.

Presente do indicativo	Pretérito perfeito
Eu faço	Eu fiz
Tu fazes	Tu fizeste
Ele/Ela faz	Ele/Ela fez
Nós fazemos	Nós fizemos
Vós fazeis	Vós fizestes
Eles/Elas fazem	Eles/Elas fizeram

Agora, veja algumas conjugações do verbo **ser**.

Presente do indicativo	Pretérito perfeito
Eu sou	Eu fui
Tu és	Tu foste
Ele/Ela é	Ele/Ela foi
Nós somos	Nós fomos
Vós sois	Vós fostes
Eles/Elas são	Eles/Elas foram

No final do livro você encontrará as conjugações de outros verbos irregulares, como **pôr**, **ser**, **ter**, **haver** e **estar**.

ATIVIDADES

1 Sublinhe os verbos regulares e circule os irregulares.

a) Ivan deu um vaso de flores à avó.

b) Caio comprou os lápis e fez o desenho.

2 Complete as frases com o verbo **pôr** no tempo e modo pedidos.

a) Eles _____ muito sal na comida. (pretérito imperfeito do indicativo)

b) Tu _____ água nas plantas. (futuro do presente do indicativo)

c) Eu _____ a mesa na varanda. (presente do indicativo)

d) Se você _____ o vaso ali, pode cair. (futuro do subjuntivo)

e) Vós _____ o caderno na mesa? (pretérito perfeito do indicativo)

f) Ele _____ gasolina no carro uma vez por semana. (presente do indicativo)

g) Nós _____ uma televisão no quarto de hóspedes. (pretérito perfeito do indicativo)

h) Se ele não _____ um casaco nesse frio, ficará doente. (futuro do subjuntivo)

3 Complete as frases escrevendo o verbo **pôr** no modo imperativo afirmativo na pessoa indicada.

a) _____ a roupa no varal. (2ª pessoa do singular)

b) _____ a almofada no sofá. (3ª pessoa do singular)

c) _____ os carros na garagem. (3ª pessoa do plural)

d) _____ água nos copos. (1ª pessoa do plural)

e) _____ os carrinhos no lugar. (2ª pessoa do plural)

4 Complete o quadro.

Infinitivo	Presente do indicativo	
	Eu	Ele/Ela
saber		sabe
trazer	trago	traz
dizer		
		vai
ser		
	tenho	

TEXTO 2

Você lerá agora um convite. Você já recebeu ou enviou algum? Leia o texto abaixo.

Um convite (sur)real

> Sua alteza, Príncipe Carlos, o Quinto, ficará honrado com sua presença no baile onde ele escolherá (forçado pelo seu pai, é claro!) sua noiva.
> Data: quinze de setembro do quadragésimo primeiro ano do IV reinado.
> Hora: oito e quinze da noite.
> Traje: algo magnífico, esplêndido, suntuoso (enfim, algo para arrasar, não importa marca ou valor... seja criativa!)

A vida estava difícil e era preciso acordar de madrugada, avivar o forno a lenha com a madeira que as filhas cortavam, preparar as massas dos pães para que as filhas vendessem na vila.

[...]

De repente, gritos das filhas interromperam seus afazeres:

– Mãe, você acredita? – Pérola esgoelou.

– Mãe, podemos ir? – Esmeralda agarrou Antônia pela cintura, cobrindo-a de beijos.

[...]

Seguida pelas meninas, dona Antônia saiu da cozinha mal iluminada para entender o que estava acontecendo. Na sala de jantar, com os raios de sol entrando pelas janelas abertas, as garotas lhe mostraram o convite, dizendo:

– Estávamos na taverna vendendo pães, quando um mensageiro do rei trouxe os convites. Fomos logo pegando três...

[...]

Telma Guimarães. *Uma outra princesa*. São Paulo: Editora do Brasil, 2015. p. 19-20.

BRINCANDO COM O TEXTO

1 Relacione as palavras ao sentido delas no texto.

a) avivar

b) afazer

c) esgoelar

☐ Tarefa, trabalho.

☐ Falar alto, gritar.

☐ Tornar forte, estimular.

2 Em sua opinião, o que significa a expressão "A vida estava difícil"?
_____
_____

3 Dona Antônia é:

☐ mãe de Pérola e Esmeralda.

☐ tia de Pérola e Esmeralda.

☐ irmã de Pérola e Esmeralda.

4 Como você chegou à resposta da questão anterior?
_____
_____

5 Para que evento é o convite?
_____

6 De acordo com o convite, qual é o objetivo do evento?
_____
_____

7 O Príncipe Carlos queria escolher uma noiva? Justifique sua resposta.
_____
_____

GRAMÁTICA

Oração – Sujeito e predicado

Leia a oração.

Lúcia acordou contente.
sujeito | predicado

Quem acordou contente? **Lúcia** – sujeito.
O que Lúcia fez? **Acordou contente** – predicado.
Na frase acima, há dois termos: **sujeito** e **predicado**, que formam uma **oração**.

> **Oração** é um conjunto de palavras que tem sujeito e predicado.
> **Sujeito** é o termo sobre o qual se informa alguma coisa.
> **Predicado** é a informação sobre o sujeito.

Para encontrar o sujeito de uma oração, faz-se ao verbo a pergunta: **Quem**?

Observe o exemplo: Meu pai adora pescaria.
Quem adora pescaria? **Meu pai**. Meu pai é o **sujeito**.
O **núcleo do sujeito** é apenas a palavra **pai**. A frase, então, tem um sujeito simples.
Núcleo do sujeito é a parte mais importante do sujeito.

> O **núcleo do sujeito** sempre é um **substantivo** ou um **pronome pessoal**.

Ela é estudiosa.
sujeito | predicado

Quem é estudiosa?
Ela – sujeito simples.
O pronome **ela** é o sujeito e também o núcleo do sujeito.

Tucano e arara são aves.
sujeito | predicado

Quem são aves?
Tucano e arara – sujeito composto.
O sujeito composto tem dois ou mais núcleos: **Tucano** e **arara**.

ATIVIDADES

1. Sublinhe o sujeito das orações.

   a) Juliana foi ao supermercado.
   b) Letícia e Anita são primas.
   c) José canta mal.
   d) Eu acordei com gripe.
   e) Vovó adora dançar.
   f) Nosso pai chegou cedo.

2. Escreva um sujeito para as orações.

   a) _____ foram ao parque de diversões.
   b) _____ vão se casar.
   c) _____ compraram um bolo delicioso.
   d) _____ são primos.
   e) _____ sabia dirigir muito bem.
   f) _____ foi caminhar na praia.

3. Copie o núcleo do sujeito das orações abaixo.

   a) Meu amigo é simpático. _____
   b) Isabela e Lígia beberam o suco.
   _____
   c) Aquele menino nada muito bem.
   _____
   d) Meu armário é marrom. _____

4. Sublinhe os predicados.

   a) Jonas leu a revista.
   b) Lucélia e Roberto vão ao cinema.
   c) Clarice Lispector foi uma escritora.

PEQUENO CIDADÃO

Internet e rede solidária

Você já ouviu falar em rede solidária?

Pense nessas duas palavras: **rede** é algo que permite uma conexão, interligação; **solidária** significa algo em prol do outro. Portanto, **rede solidária** é uma rede que fomenta ações de cooperação e solidariedade, ou seja, que partilha e divulga ideias, interesses e ações em comum, com o objetivo de apoiar ou defender uma causa.

Existem vários tipos de redes solidárias, entre elas as que ajudam a divulgar e apoiar a causa relacionada à adoção de animais, por exemplo.

Assim, essas redes são formadas e divulgadas por meio de *sites*, *blogs*, em forma de campanhas educativas ou de incentivo a novas práticas.

1 O que você acha das redes solidárias?

_____
_____
_____

2 Se você fosse propor uma rede solidária, sobre o que seria?

_____
_____
_____

BRINCANDO COM A CRIATIVIDADE

Cartaz

Crie um cartaz que incentive o respeito pelos animais. Ele deve estimular as pessoas a contribuir com essa ideia. Siga as instruções.

Planejar

1. Crie frases curtas para falar do tema.
2. Indique uma ou duas imagens que poderiam ilustrar sua ideia.

Produzir e revisar

1. Faça o rascunho do cartaz. Revise o texto e edite o que for necessário corrigir, seja no texto ou em relação às imagens escolhidas.
2. Depois, com os colegas, passe o cartaz a limpo numa cartolina.

Compartilhar

1. Escolham um espaço na escola para expor os cartazes, de modo que os alunos de outras turmas possam vê-los.

ORALIDADE

Conversação telefônica

Hoje você simulará um convite por meio de uma ligação telefônica. Para isso, siga as orientações a seguir:

1. Por meio de sorteio, você vai tirar o nome de um colega da classe para quem você ligará.
2. Pense em qual será seu convite: para uma festa; para uma ida ao cinema; para receber o amigo em casa etc.
3. Defina previamente informações sobre o evento:
- Data;
- Hora;
- Local.
4. Sinta-se à vontade para falar de outros assuntos ou fazer comentários extras durante a ligação.

5. No momento da conversa, lembre-se de cumprimentar seu colega e de despedir-se dele.

6. Simule a ligação em sala de aula, para que toda a turma possa observar e se envolver.

BRINCANDO

1 Pinte os objetos e circule os que não fazem parte do conjunto.

Desenhorama

UNIDADE 18

TEXTO 1

Leia o título do texto. Você sabe o que significa **tekoa**?
O que você acha que lerá agora?
Leia o texto a seguir.

Um dia na *tekoa*

O dia em uma *tekoa* (aldeia) guarani, como a minha, a Tenonde Porã, na cidade de São Paulo, começa com as pessoas se cumprimentando carinhosamente: *javyju* (bom dia)!

Os adultos têm os afazeres do dia a dia: confecção de artesanato, coleta de lenha, pintura de bichinhos de madeira. Os anciões fazem o trabalho de transmissão de conhecimento, relatando as experiências da vida, o que dá corpo, alma e espírito à sabedoria tradicional.

As crianças fazem as brincadeiras dos *jurua kuery* (não indígenas), como futebol, ciranda, esconde-esconde, duro-mole, pipa, e as brincadeiras tradicionais guaranis, como a *uruxy* (galinha): várias crianças representam pintinhos, uma criança representa a onça, outra representa a *uruxy*, a mãe dos pintinhos, que finge jogar farelo para chamar os filhotinhos; a onça corre tentando pegar os pintinhos, e os que ela consegue tocar se transformam em onça, correm para pegar a *uruxy*. Outra brincadeira tradicional guarani é a *xy'yra'angaa*, que quer dizer "fingir de tia". Na cultura guarani, as tias cuidam dos sobrinhos, por isso brincar de casinha tem esse nome. Nessa brincadeira pode haver um caçador, quando a tia é casada e o marido vai caçar, pegar lenha etc.

Um brinquedo tradicional guarani é a *manga*, peteca feita de palha de milho seca – não de penas!

As crianças de até 6 anos frequentam o Ceci, Centro de Educação e Cultura Indígena, na própria *tekoa*, onde estudam guarani; as que têm mais de 6 anos vão à Escola de Educação Indígena, do Ensino Fundamental ao Ensino Médio, que na minha *tekoa* se chama Escola Estadual Indígena Guarani Gwyra Pepo, onde aprendem a ler e a escrever em guarani e em português, além das outras disciplinas.

[...]

Jera Giselda Guarani

> Jera Giselda Guarani. Um dia na *tekoa*. *In*: Olívio Jekupé (org.). *As queixadas e outros contos guaranis*. São Paulo: FTD, 2013. p. 58-59.

BRINCANDO COM O TEXTO

1) Circule o nome que aparece no fim do texto, à esquerda.

2) Circule, no texto, os dois pronomes possessivos.

3) Com base nas respostas às atividades 1 e 2, pode-se concluir que o texto foi escrito por:

☐ uma mulher indígena.

☐ uma mulher não indígena.

4) Qual é o nome da aldeia de que fala o texto? Onde ela fica?
_____
_____

5) Relacione as atividades aos grupos que as realizam:

a) confecção de artesanato e coleta de lenha   ☐ anciões

b) transmissão de conhecimento   ☐ crianças

c) brincadeiras e estudos   ☐ adultos

6) As crianças da Aldeia Tenonde Porã brincam de quê?
_____
_____

7) O que as crianças da Aldeia Tenonde Porã estudam?
_____
_____
_____
_____
_____

ATIVIDADES

1 Complete as frases conforme o que se pede nos parênteses.

a) Pedro _____ para a prova. (**estudar**, pretérito perfeito do indicativo)

b) Seria ótimo se Maria _____. (**voltar**, pretérito imperfeito do subjuntivo)

c) Se João _____ fome, fará um lanche. (**sentir**, futuro do subjuntivo)

d) O ônibus não _____ no ponto. (**parar**, pretérito perfeito do indicativo)

2 Crie um predicado para estes sujeitos.

a) Tom Jobim _____.

b) Ruth Rocha _____.

c) Meu irmão _____.

d) Érica _____.

3 Crie um sujeito para estes predicados.

a) _____ estão com fome.

b) _____ estudou e leu muito ontem.

c) _____ está feliz com a viagem.

d) _____ iremos ao cinema amanhã?

4 Sublinhe os predicados das frases a seguir.

a) Eu fui à praia.

b) Lara comprou o vestido.

c) Rodrigo adora futebol.

d) Papai dormiu cedo.

GRAMÁTICA

Advérbio

Observe a frase a seguir.
Amanda chegou **aqui rapidamente**.

As duas palavras destacadas referem-se ao verbo, modificando-o. São advérbios.

> **Advérbio** é uma palavra invariável que modifica o sentido de um verbo, adjetivo ou de outro advérbio e, em alguns casos, substitui substantivos, modificando-os.

Amanda chegou
- aqui (**advérbio de lugar**)
- rapidamente (**advérbio de modo**)

Há vários tipos de advérbio. Conheça, a seguir, alguns deles.

- De **lugar**: aqui, ali, aí, cá, além, longe, perto, diante, atrás, dentro, fora, onde, abaixo, acima, debaixo, aonde etc.
- De **tempo**: hoje, ontem, logo, amanhã, cedo, tarde, nunca, sempre, agora, então, antes, depois, ainda etc.
- De **modo**: bem, mal, assim, depressa, devagar e, em geral, os terminados em **-mente** (cautelosamente, amavelmente etc.).
- De **intensidade**: muito, pouco, bastante, mais, menos, tão, quase etc.
- De **afirmação**: sim, deveras, certamente.
- De **dúvida**: talvez, caso, acaso, porventura, possivelmente, decerto.
- De **negação**: não.
- De **interrogação**: onde, aonde, quando, como, por que.

Para saber quando usar **onde** e **aonde**, tente substituir **aonde** por **para onde**: "**Para onde** você vai?" ou "**Aonde** você vai?". **Aonde** tem a ver com verbos de **movimento**. **Onde** é usado quando não há ideia de movimento.

- De lugar: Onde?
- De tempo: Quando?
- De modo: Como?
- De causa: Por quê?

ATIVIDADES

1 Sublinhe os advérbios.

a) Voltamos tarde da festa.
b) Cristina come pouco.
c) Ela estuda ali.
d) Talvez ele vá ao teatro.
e) Nunca cheguei atrasada.
f) Minha mãe está bem!

2 Substitua as expressões destacadas por **advérbios de modo**.

a) Meu cunhado sorriu **com alegria**. _____
b) Realizei o trabalho **em silêncio**. _____

3 Reescreva as frases substituindo os advérbios destacados por **antônimos**.

a) Ela veio **depressa**.
_____

b) **Depois** da aula conversaremos.
_____

4 Complete com os advérbios interrogativos.

a) _____ está o cachorro?
b) _____ começa o filme?
c) _____ foi a prova?
d) _____ Pedro foi ontem?

5 Reescreva a frase "Luana corre" acrescentando o advérbio pedido.

a) De negação: _____
b) De intensidade: _____
c) Interrogativo: _____

TEXTO 2

Você lerá agora um relato de experiência. Você já leu algum texto assim?

Trabalho

Trabalhar, para o não índio, é atividade para ganhar dinheiro.

Nas sociedades indígenas não é assim.

Cada membro de uma sociedade indígena realiza um tipo de trabalho.

Há trabalhos só para homens e trabalhos só para mulheres, e essa divisão não pode ser desrespeitada.

O homem cuida da segurança da aldeia, das decisões políticas, da educação dos filhos maiores, das atividades de caça e pesca, do preparo das roças e da fabricação de objetos.

As mulheres preparam alguns alimentos, cuidam da educação dos filhos menores, dão especial atenção às filhas que estão se tornando moças e também confeccionam alguns objetos.

O tempo dedicado a cada atividade varia bastante. Às vezes, uma caçada coletiva pode durar dias e dias. Quando os caçadores voltam, trazem carne suficiente para vários dias.

Então, o que eles fazem quando não estão trabalhando? Brincam com os filhos, conversam com os amigos, contam a história de sua caçada, confeccionam enfeites ou objetos, dançam, cantam, enfim, divertem-se.

Daniel Munduruku. *Coisas de índio – versão infantil.* São Paulo: Callis, 2015. p. 53.

BRINCANDO COM O TEXTO

1 Escreva **V** nas afirmações verdadeiras e **F** nas falsas.

☐ Nas sociedades indígenas, as pessoas trabalham para ganhar dinheiro.

☐ Os não indígenas trabalham para ganhar dinheiro.

☐ Nas sociedades indígenas, cada atividade tem um tempo exato para ser cumprida.

2 Reescreva as frases da atividade anterior que você marcou como falsas tornando-as verdadeiras.

_____
_____
_____
_____

3 Quais atividades devem ser feitas por homens?

_____
_____
_____

4 Quais atividades devem ser feitas por mulheres?

_____
_____
_____
_____

5 O que os indígenas costumam fazer no tempo livre?

_____
_____
_____
_____

GRAMÁTICA

Preposição

Leias as frases.

Larissa brinca **com** o carrinho!   Igor anda **de** *skate*.

Com e **de** estão ligando duas palavras.
Com está ligando as palavras **brinca** e **carrinho**.
De está ligando as palavras **anda** e *skate*.

> A classe de palavra invariável que liga duas outras palavras é a **preposição**.

Sem preposição, muitas expressões ficariam sem sentido e não seria possível entendê-las. As preposições são:

a ante até após com contra de desde em entre para por perante sem sob sobre

Vamos aprender a combinação ou contração das preposições **a**, **de** e **em** com outras palavras.

ao (a + o)	→	preposição **a** + artigo **o**
à (a + a)	→	preposição **a** + artigo **a**
da (de + a)	→	preposição **de** + artigo **a**
do (de + o)	→	preposição **de** + artigo **o**
dele (de + ele)	→	preposição **de** + pronome **ele**
dela (de + ela)	→	preposição **de** + pronome **ela**

desse (de + esse) ⟶ preposição **de** + pronome demonstrativo **esse**
dessa (de + essa) ⟶ preposição **de** + pronome demonstrativo **essa**
disso (de + isso) ⟶ preposição **de** + pronome demonstrativo **isso**
deste (de + este) ⟶ preposição **de** + pronome demonstrativo **este**
desta (de + esta) ⟶ preposição **de** + pronome demonstrativo **esta**
daquele (de + aquele) ⟶ preposição **de** + pronome demonstrativo **aquele**
daí (de + aí) ⟶ preposição **de** + advérbio **aí**
daqui (de + aqui) ⟶ preposição **de** + advérbio **aqui**
dali (de + ali) ⟶ preposição **de** + advérbio **ali**
donde (de + onde) ⟶ preposição **de** + advérbio **onde**
no (em + o) ⟶ preposição **em** + artigo **o**
na (em + a) ⟶ preposição **em** + artigo **a**
num (em + um) ⟶ preposição **em** + artigo indefinido **um**
nesse (em + esse) ⟶ preposição **em** + pronome demonstrativo **esse**
nisso (em + isso) ⟶ preposição **em** + pronome demonstrativo **isso**
nisto (em + isto) ⟶ preposição **em** + pronome demonstrativo **isto**
naquilo (em + aquilo) ⟶ preposição **em** + pronome demonstrativo **aquilo**
naquele (em + aquele) ⟶ preposição **em** + pronome demonstrativo **aquele**
naquela (em + aquela) ⟶ preposição **em** + pronome demonstrativo **aquela**
nele (em + ele) ⟶ preposição **em** + pronome **ele**
pelo (por + o) ⟶ preposição **por** + artigo **o**
pela (por + a) ⟶ preposição **por** + artigo **a**

ATIVIDADES

1 Sublinhe as preposições.

a) As frutas estão sobre a mesa.

b) O Brasil jogou contra o Peru.

c) Ele vai para a Guatemala.

d) Eu tomo chá sem açúcar.

2 Complete as orações com preposições.

a) Ele saiu _____ o cachorro.

b) Fui _____ avião _____ Salvador.

c) Estou _____ fome.

d) Ele vai _____ a praia _____ o primo.

e) Vou sair _____ almoçar _____ o Luiz.

f) Estou acordada _____ as 8 horas.

g) _____ vejo melhor.

3 Sublinhe o **a** somente quando for preposição, isto é, quando significar **para**.

a) Vou a Alagoas com Maria.

b) Disse a ela que venha às 10 horas.

c) Levo a boa notícia a todos.

d) Dei alguns legumes a Bruno.

e) Pedi permissão a você.

f) Comprei a fruta que Luiza pediu.

g) Entreguei a folha a Bruna.

4 Complete as orações escolhendo as contrações adequadas do quadro.

> naquela   disso   daqui   pela   naquele   neste

a) Foi _____ rua que perdi meu brinco.

b) _____ é possível ver o mar.

c) Se formos _____ manhã, chegaremos a tempo.

d) Você está gostando _____ ?

e) Quero ficar mais tempo _____ museu.

f) O cinema fica _____ bairro?

PESQUISANDO

1 Faça uma pesquisa sobre um povo indígena. Anote tudo o que descobrir a respeito de seus integrantes: onde vivem, número de habitantes, como vivem, o que comem etc.

Povo indígena: _____

Onde vivem: _____

Número de habitantes: _____

_____

_____

BRINCANDO COM A CRIATIVIDADE

Texto informativo

Agora elabore um texto sobre algo que você descobriu a respeito de alimentação, dança, artesanato ou qualquer outro aspecto relacionado aos indígenas.

Planejar e produzir

- Use as informações que você coletou em sua pesquisa e apresente-as em forma de texto. Lembre de dar o maior número possível de detalhes.

Reler, revisar e editar

- Depois de pronto, releia seu texto e veja se falta alguma informação importante. Verifique, também, se não há equívocos ortográficos ou gramaticais. Faça as alterações necessárias.

Compartilhar

- A turma poderá fazer uma apresentação das descobertas encontradas com a leitura dos textos produzidos. Aproveite para conhecer mais sobre diferentes culturas indígenas!

UNIDADE 19

TEXTO 1

Observe o texto a seguir. O que você lerá?

Veja o símbolo localizado abaixo da circunferência, formado por três setas verdes apontadas umas para as outras. Você sabe do que se trata?

Leia o texto abaixo.

COMO SEPARAR

PAPEL

Reciclável: Jornais e revistas, folhas de cadernos, caixas de papelão em geral, fotocópias, envelopes

Não reciclável: Etiquetas adesivas, papel carbono e celofane, papéis sanitários, papéis metalizados, parafinados, bitucas de cigarros, fotografias

Saiba que 1 tonelada de papel reciclado evita o corte de 15 a 20 árvores

PLÁSTICO

Reciclável: Cano, sacos, CDs, embalagens de produtos de limpeza, garrafas plásticas de refrigerante, suco e óleo, plásticos em geral

Não reciclável: cabos de panelas, tomadas

Saiba que 100 toneladas de plástico reciclado evitam a extração de 1 tonelada de petróleo

METAL

Reciclável: Tampinhas de garrafas, latas de óleo, leite em pó e conservas, latas de refrigerante, cerveja e suco, alumínio, embalagens metálicas de congelados

Não reciclável: Clipes, grampos, esponjas de aço, tachinhas, pregos

Saiba que 1 tonelada de alumínio reciclado evita a extração de 5 toneladas de minério

VIDRO

Reciclável: Garrafas, copos, recipientes em geral

Não reciclável: Espelhos, vidros planos e cristais, cerâmicas e porcelanas, tubos de TVs e computador

Saiba que 1 tonelada de vidro reciclado evita a extração de 1,3 tonelada de areia

Ao reciclar, há economia de recursos naturais e geração de emprego e renda.

Fonte: Governo do Estado de São Paulo/Secretaria do Meio Ambiente. *Muitas vezes os materiais são considerados "não-recicláveis" por não haver viabilidade técnica ou econômica para a sua recuperação.

Jornal da Cidade, Bauru/Juliana Rehder

Infográficos - JC
i14076

BRINCANDO COM O TEXTO

1 Qual é o tema do infográfico?

_____
_____
_____

2 Complete as frases com dados do infográfico.

a) Com _____ tonelada de papel reciclado é possível evitar o corte de _____ a _____ árvores.

b) Com _____ toneladas de plástico reciclado é possível evitar a extração de _____ tonelada de petróleo.

c) Com _____ tonelada de alumínio reciclado é possível evitar a extração de _____ toneladas de minério.

d) Com _____ tonelada de vidro reciclado é possível evitar a extração de _____ tonelada de areia.

3 Complete o quadro com materiais recicláveis mencionados no infográfico e que você costuma descartar em casa.

Papel	Plástico

Metal	Vidro

GRAMÁTICA

Crase

Leia a frase e observe a palavra destacada.

Cíntia foi **à** academia.

O acento grave (`) sobre a palavra **à** indica a contração da preposição **a** com o artigo **a**. Veja:

Cíntia foi **a a** academia.
         preposição   artigo

Quando ocorre esse tipo de contração, dizemos que há **crase**.

> A **crase** indica a contração da preposição **a** com o artigo **a**.

A crase deve ser usada **antes de palavra feminina**. Exemplos:
Enviei uma carta **à** sobrinha.
Estou atento **às** mudanças.
Vou **à** Rússia.

Para decidir-se sobre o uso da crase antes de lugares, combine o **a** com **para**, **na**, **da** ou **pela**. Se essa combinação for possível, então use a crase.

Por exemplo, se é possível dizer "vou para a Rússia", "passou pela Rússia", "veio da Rússia", então usamos a crase: Vou **à** Rússia.

> Não confunda o uso do **a**, **à** e **há**. Observe a diferença:
> - **a** pode ser artigo ou preposição.
> - **à** é a contração da preposição **a** com o artigo **a**.
> - **há** é o verbo **haver** conjugado na terceira pessoa do singular. Ele é usado em expressões que indicam tempo decorrido, com o mesmo sentido de "faz".
>
> Veja alguns exemplos:
> **Há** dez anos moro em Poconé.
> Daqui **a** cinco minutos o filme começará.

ATIVIDADES

1. Complete as frases com **a** ou **à**.

    a) Janete foi _____ floricultura.

    b) Elaine deu um conselho _____ Jairo.

    c) Vou _____ África passar as férias.

    d) Vou _____ loja trocar um par de sapatos.

    e) Somos favoráveis _____ reciclagem.

2. Use corretamente **ao**, **aos**, **à** ou **às** para completar as frases a seguir.

    a) O cão deitou-se _____ sombra da árvore.

    b) Quero levar meu primo _____ córrego.

    c) Luan disse _____ colegas que não iria.

    d) As crianças irão _____ Cataratas do Iguaçu.

    e) Eles entregaram os livros _____ bibliotecária.

3. Use **há** ou **a** para completar corretamente as frases.

    a) A aula começará daqui _____ cinco minutos.

    b) Essa história aconteceu _____ muitos anos.

    c) Estamos _____ alguns minutos do fim do jogo.

    d) Não via Cristine _____ décadas!

BRINCANDO COM A CRIATIVIDADE

Texto argumentativo

Planejar e produzir

1. Escreva, no caderno, um texto sobre a importância da reciclagem para a preservação do meio ambiente.
2. Se desejar, use dados para ajudar a comprovar seu ponto de vista.

Reler, revisar e editar

1. Releia seu texto verificando se há algo a ser corrigido. Observe, também, se suas ideias foram apresentadas de maneira clara.

Compartilhar

1. Em sala, a turma poderá formar uma roda para ler os textos produzidos e discutir os principais pontos abordados.

ORALIDADE

Entrevista

1. Convide um adulto para uma entrevista sobre o tema "Reciclagem".
2. Prepare com antecedência as perguntas que você fará ao entrevistado e anote-as em um caderno ou em um celular. A seguir, sugerimos algumas perguntas para você incluir em sua entrevista:

- Você separa o seu lixo para reciclagem?
- Se sim, desde quando? Se não, por que não o faz?
- Em seu bairro, há coleta seletiva do lixo?
- Você sabe o que pode ou não ser reciclado?
- Você considera a reciclagem uma prática importante? Por quê?

Acrescente outras perguntas que desejar fazer.

3. Além das questões acima, lembre-se de registrar algumas informações essenciais sobre o entrevistado, como nome completo, idade, profissão e bairro onde mora. Essas informações serão usadas para compor um parágrafo antes da sequência de perguntas e respostas apresentando o entrevistado.
4. No dia da entrevista, leve com você um celular ou um gravador para registrar as perguntas e respostas.
5. Concluída a entrevista, é hora de transcrever a gravação. Faça as adequações necessárias para adaptar a linguagem oral à escrita, retirando as marcas de oralidade, como repetições excessivas e expressões como "né" e "aí".
6. Na data agendada, leve a entrevista escrita para a sala de aula. O professor convidará os alunos a lerem as entrevistas. Em seguida, a turma poderá fazer um balanço do que observou. Por exemplo: verifiquem quantos entrevistados separam o lixo para reciclagem, se consideram essa uma prática importante, quais bairros possuem coleta seletiva etc.

TEXTO 2

Leia o título do texto. Você sabe o que significa **atobá-marrom**?
Qual será a relação entre o atobá-marrom e o lixo?
Leia o texto a seguir.

http://chc.org.br/o-atoba-marrom-e-o-lixo/

O atobá-marrom e o lixo

[...]

Em vez de usar apenas gravetos, folhas e outros materiais naturais para acomodar seus filhotes, os pais atobás-marrons usam também linhas de náilon, pedaços de isopor, objetos de metal, pontas de cigarro, enfim, qualquer material deixado por humanos nas proximidades das ilhas. O contato dos filhotes com a poluição desde o início de suas vidas pode constituir uma ameaça a determinadas espécies de aves marinhas, incluindo o atobá-marrom.

Existem dois grandes riscos. O primeiro é o emaranhamento em cordas, linhas e redes de pesca, que pode causar sufocamento ou a fratura das asas e patas, e morte dos animais. O segundo é quando o filhote engole pedacinhos de plásticos, esponjas, anzóis e outros itens, que podem causar sufocamento, engasgo ou feridas internas no seu aparelho digestório, e também podem causar a sua morte.

Atobá-marrom fêmea.

> O Brasil está entre os 20 países que mais despejam lixo nos oceanos: cerca de um milhão de toneladas por ano. Todo esse lixo permanece no mar por longo tempo – plásticos e náilon, por exemplo, por até 500 anos, porque sua decomposição é lenta. As aves constituem o grupo de animais com o maior número de espécies afetadas diretamente pelo lixo que [...] despejamos no oceano. Que papelão o nosso, hein?!

Davi Castro Tavares. O atobá-marrom e o lixo. *Ciência Hoje das Crianças*, Rio de Janeiro, 20 set. 2016. Disponível em: http://chc.org.br/o-atoba-marrom-e-o-lixo/. Acesso em: 10 ago. 2020.

BRINCANDO COM O TEXTO

1 Assinale **F** para falso e **V** para verdadeiro.

☐ Os atobás-marrons são aves marinhas que podem ser encontradas em ilhas.

☐ Os humanos não despejam lixo no mar.

☐ O contato dos filhotes com lixo desde o início de suas vidas não oferece risco à saúde deles.

☐ O Brasil está entre os 20 países que mais despejam lixo nos oceanos.

☐ O náilon e o plástico podem levar até 500 anos para se decompor.

2 Além de usar materiais naturais como gravetos e folhas para acomodar seus filhotes nos ninhos, o que mais os pais atobás-marrons usam? Por quê?

3 O que pode causar o engasgo, sufocamento ou feridas internas no estômago das aves marinhas?

_____
_____

4 Por que o autor termina o texto com a frase "Que papelão o nosso, hein?!"?

_____
_____
_____
_____
_____

PESQUISANDO

1 Com seus colegas e o professor, você fará uma pesquisa e tentará descobrir as seguintes informações sobre a ave marinha atobá-marrom.

a) Lugares onde vivem:

_____
_____

b) Tamanho (altura e peso):

_____
_____

c) Alimentação:

_____
_____

d) Ameaças:

_____
_____
_____
_____

ATIVIDADES

1 Escreva as frases no plural.

a) O beija-flor acordou cedo.

_____
_____

b) Ouvi uma bela canção no rádio.

_____
_____

2 Circule o sujeito e sublinhe o predicado das orações.

a) Nós fomos até a cachoeira.

b) Meus avós vieram à festa.

c) Era muito lindo aquele barco.

d) Eu sou muito feliz.

e) Lia comprou flores para a mãe.

f) Aquele celular é bem moderno.

3 Complete as frases com as preposições do quadro.

| até   sobre   com   entre   com   de |

a) Rebeca estava _____ Pedro.

b) Eles ouviram um apito _____ trem.

c) Existe muito afeto _____ nós.

d) Você vai _____ lá caminhando?

e) Coloque o ferro _____ a tábua.

4 Circule os advérbios de tempo e sublinhe os advérbios de lugar.

a) Ontem Lara vendeu os sucos ali.

b) Logo comprarei frutas acolá.

c) Hoje o cão estava perto do rio.

d) O banco sempre esteve debaixo da árvore.

GRAMÁTICA

Objeto direto e objeto indireto

Leia a frase a seguir.

Flávio joga basquete.
sujeito — predicado

Joga é a parte mais importante do predicado, ou seja, é o **núcleo** do predicado.
É um verbo que precisa de um complemento.
Observe:
Flávio joga... **o quê**? Basquete.
Basquete é o complemento do verbo **jogar**, empregado sem preposição.
É um objeto direto.

> **Objeto direto** é o complemento que vem ligado ao verbo **sem preposição**. Esse verbo é um verbo transitivo direto.

Agora veja este outro exemplo.

Anderson gosta de natação.
sujeito — predicado

Gosta é a parte mais importante do predicado, ou seja, é o **núcleo** do predicado. É um verbo que precisa de um complemento.
Observe:
Anderson gosta... **de quê**? De natação.
De natação é o complemento do verbo **gostar**, empregado com preposição. É um objeto indireto.

> **Objeto indireto** é o complemento que vem ligado ao verbo **com preposição**. Esse verbo é um verbo transitivo indireto.

Leia estas dicas sobre objeto direto e objeto indireto.

1. Para conhecer o objeto direto, faz-se a pergunta ao verbo: **O quê?** (ou **Quem?**)
2. Para conhecer o objeto indireto, faz-se uma destas perguntas: **De quê? De quem? A quê? A quem? Em quê? Em quem?**
3. Há verbos que precisam de dois complementos. Exemplo: Jonas empresta a caneta a Thiago. Jonas empresta **o quê?** A caneta. **A quem?** A Thiago.

Os verbos que exigem dois complementos são chamados **transitivos diretos e indiretos**.

Há verbos que, sozinhos, têm sentido completo, não precisam de complemento. Exemplo: A garça voou. **Quem?** A garça.
Esses verbos são os chamados **intransitivos**.

ATIVIDADES

1 Sublinhe os objetos **diretos**.

a) Eduardo come beterraba.
b) Ana comprou um secador.
c) Hoje eu quero sobremesa.
d) Michele estuda História.
e) Vovó cortou o cabelo.
f) Eu colhi muitas ameixas.

2 Circule os objetos **indiretos**.

a) Precisamos de garfos.
b) Assisti ao filme.
c) Eu acredito em você!
d) Gosto de maçã.
e) Concordo com ele.
f) Ele obedece aos pais.

3 Complete cada oração com um **objeto direto**.

a) Eu li _____.
b) Mauro ganhou _____.
c) Juliana ouve _____.

d) Marina escreveu _____.

e) Roberto abraçou _____.

4 Observe os termos destacados e escreva **D** para objeto direto e **I** para objeto indireto.

☐ Edu leu **aquele livro**.

☐ Ele sonhou **com o mar**.

☐ Você gostou **do pão**?

☐ Eu bebi **um copo de água**.

☐ Chamei **os amigos**.

☐ Ela comparecerá **ao evento**.

5 Complete as orações com um **objeto indireto**.

a) Pedro necessita _____.

b) A menina precisa _____.

c) Meu tio gosta _____.

d) Marisa deu um presente _____.

e) Ana emprestou o livro _____.

6 Destaque, das frases a seguir, o que é pedido.

a) Eu contei uma anedota a Francisco.

- Sujeito: _____.
- Predicado: _____.
- Núcleo do predicado: _____.
- Objeto direto: _____.
- Objeto indireto: _____.

b) Cecília emprestou o livro à colega.

- Sujeito: _____.
- Predicado: _____.
- Núcleo do predicado: _____.
- Objeto direto: _____.
- Objeto indireto: _____.

BRINCANDO COM A CRIATIVIDADE

Cartaz

O **Texto 1** desta unidade é um infográfico sobre reciclagem e, com ele, você aprendeu que é importante reciclar o lixo. O **Texto 2** é uma notícia sobre o descarte de lixo nos oceanos e, com ela, você aprendeu que esse hábito prejudica os animais marinhos e a natureza.

Planejar e produzir

1. Crie um cartaz incentivando as pessoas a reciclar o lixo e a descartá-lo em lugares apropriados, a respeitar a natureza, a cuidar dos animais etc.
2. Recorte (de revistas, jornais ou outros materiais) letras e imagens para ajudar a compor o cartaz.
3. Use para rascunho o espaço disponível abaixo.

Reler, revisar e editar

1. Releia o cartaz e verifique se todas as informações foram expressas de modo correto e claro.

Compartilhar

1. É hora de divulgar os cartazes feitos pela turma, afixando-os pela escola em locais de fácil acesso por alunos de outras turmas.

UNIDADE 20

A TEXTO 1

O que você acha que lerá no texto a seguir?
Qual é a relação entre a pintura e o texto seguinte?
Observe a pintura e leia o texto:

Almeida Júnior. *Leitura*, 1892. Óleo sobre tela, 95 cm × 141 cm.

Pinacoteca do Estado de São Paulo, SP

    José Ferraz de Almeida Júnior nasceu em Itu, no ano de 1850, e faleceu aos 49 anos, em Piracicaba. Ingressou em 1869 na Academia de Belas Artes do Rio de Janeiro. Entre 1876 e 1882 morou em Paris, auxiliado pelo imperador D. Pedro II. Sua pintura retratou, principalmente e com fidelidade, temas ligados à cultura regional paulista, além de bíblicos e retratos.

    São Paulo. Secretaria de Cultura. Disponível em: www.cultura.sp.gov.br/portal/site/SEC/menu item bb3205c597b9e36c3664eb10e2308ca0/?vgnextoid=91b6ffbae7ac1210VgnVCM1000002e03c80aRCRD&Id= 53d016774312b210VgnVCM1000004c03c80a____. Acesso em: 5 mar. 2018.

BRINCANDO COM O TEXTO

1. Descreva o que você percebe na pintura. Fale para os colegas e o professor o máximo de detalhes que puder.

2. Escreva as informações pedidas a seguir.

   a) Nome da obra: _____.

   b) Nome do artista: _____.

   c) Ano da obra: _____.

   d) Técnica utilizada: _____.

   e) Tamanho da obra: _____.

3. De onde você retirou as respostas à atividade 2?

   ☐ Do texto que vem após a pintura.

   ☐ Da legenda.

4. Que outro título você daria à obra?

   _____
   _____
   _____
   _____

5. Na legenda, o nome do artista está de uma forma; no texto, de outra. Em sua opinião, por que há essa diferença?

   _____
   _____
   _____
   _____

6. Sobre o artista, escreva o que é pedido.

   a) Ano e local de nascimento: _____.

   b) Idade e local de falecimento: _____.

ATIVIDADES

1 Escreva as palavras a seguir substituindo o triângulo por **se**, **si**, **ss**, **sc**, **ç**, **ce** ou **ci**.

a) cre ▲ imento _____
b) di ▲ iplina _____
c) de ▲ ida _____
d) va ▲ na _____
e) ▲ reja _____
f) ▲ no _____

2 Complete as frases com as preposições adequadas.

a) Priscila mora _____ os avós.
b) Acredito _____ você.
c) Esta casa é _____ Virgínia.

3 Complete as frases empregando corretamente **a**, **à** ou **há**.

a) Dei um livro _____ Márcia.
b) Cheguei _____ muito tempo.
c) Quero ir _____ festa de Carla.
d) Vou _____ Paraíba de férias.

A GRAMÁTICA

Conjunção

Leia as frases a seguir.
Sofia **e** Mateus são amigos.
Gosto de maçã, **mas** não gosto de banana.
A palavra **e** está ligando dois substantivos.
A palavra **mas** está ligando duas frases.

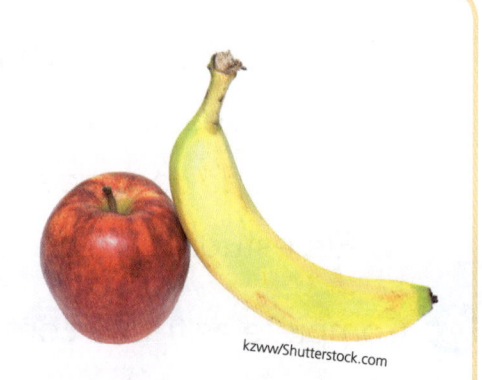

kzww/Shutterstock.com

> **Conjunção** é a palavra que liga duas ou mais frases ou dois ou mais termos semelhantes.

Vamos aprender algumas conjunções.

e	porque	assim	portanto	ora
contudo	mas	isto é	por isso	para
logo	por conseguinte	porém	entretanto	então
ou	pois	porquanto	todavia	nem

ATIVIDADES

1 Circule as conjunções.

- **a)** Corremos no parque porque gostamos muito.
- **b)** Ela chegou atrasada; contudo, conseguiu entrar.
- **c)** Você prefere chá ou suco natural?
- **d)** O bebê ora chora, ora ri.

2 Complete as frases com as conjunções do quadro.

> assim   logo   e   por isso

- **a)** Vítor _____ Thiago foram ao teatro.
- **b)** Manoel estava doente, _____ não foi ao treino.
- **c)** Eu soube da notícia _____ que Teresa chegou.
- **d)** Ele estudará, _____ fará o teste com tranquilidade.

3 Complete as frases com as conjunções do quadro.

> porém   por conseguinte   porque   nem

- **a)** Poliana é alegre, _____ não é feliz.
- **b)** Não fui ao colégio _____ estava doente.
- **c)** Anita não corria _____ agachava.
- **d)** Não comi; _____, estou com fome.

TEXTO 2

Leia o título do texto. O que você espera encontrar nele?
Leia o texto a seguir.

Guerra de bombons

O engraxate estava distraído.
Distante.
Correndo num mundo em que ele ainda não precisava trabalhar.
Nem viu o homem elegante aproximar-se.
O homem o cutucou e ele deu um salto.
Um grande salto.
Do mundo de dentro para a rua movimentada.
– Quer graxa hoje, freguês?
– Quero.
– Pode sentar, freguês.
– Quanto vai custar?
– Paga o quanto puder, o quanto o senhor achar que vale o serviço.
O homem elegante acomodou-se num banco da praça.
Também estava distraído.
Muito distante.
Não queria saltar, não queria sair.
Queria ficar no seu mundo.
Um mundo em que ele não precisava fingir nada.
– Como você se chama, menino?
– Guilherme, mas pode me chamar de Guiga. Fica mais fácil de gravar.
E o senhor?
– Eu o quê?!
– Qual o nome do senhor?
– Pedro, mas pode me chamar de Pedrão, sem o senhor.
[...]

Jonas Ribeiro. *Guerra de bombons*. São Paulo: Editora do Brasil, 2004. p. 5-6.

SUSAN MORISSE

BRINCANDO COM O TEXTO

1 No texto, o que quer dizer "mundo de dentro"?

☐ Mundo do trabalho.

☐ Mundo virtual.

☐ Mundo dos pensamentos e da imaginação.

2 O que cada personagem fazia em seu mundo interior?
_____
_____
_____
_____

3 Leia as afirmações. Marque **V** nas verdadeiras e **F** nas falsas.

☐ Guiga era engraxate, mas queria não ter de trabalhar ainda.

☐ Pedrão não queria conversar com o engraxate.

☐ Os dois personagens se distraíam com seus pensamentos.

☐ Pedro gostava de ser chamado de senhor.

4 O trabalho infantil é proibido por lei, mas Guiga trabalhava como engraxate. Em sua opinião, por que isso acontecia?
_____
_____
_____
_____
_____

5 Como você acha que terminou essa história? Escreva no caderno um final para ela e depois conte aos colegas e ao professor.

ATIVIDADES

1 Use **eu**, **me** ou **mim** para completar as frases.

a) Entre _____ e João não há briga.

b) Não vá sem _____ falar o que fez.

c) Fui _____ quem quebrou o copo.

d) Há muitas coisas para _____ fazer.

e) Peguei as roupas para _____ consertar.

2 Use a crase quando necessário.

a) As vezes penso no passado.

b) Escreva tudo a lápis.

c) Irei a lagoa com meus tios.

d) Berenice saiu as pressas.

e) Aprendi a andar a cavalo.

3 Circule os sujeitos e sublinhe os predicados.

a) Eu sou persistente.

b) Ela estava muito alegre.

c) Minha revista é nova.

d) Eu preciso de uma borracha.

e) Lia comprou o livro na livraria.

f) Eloá e Joca fizeram a lição.

g) Nós queremos uma salada.

h) Vocês foram à academia?

4 Complete as frases empregando corretamente **a**, **à** ou **há**.

a) Dei um livro _____ José.

b) Vamos daqui _____ cinco minutos.

c) Cheguei _____ horas.

d) Quero ir _____ Portugal no ano que vem.

e) Ele foi _____ festa.

f) Isso aconteceu _____ três anos.

g) Vou à Bahia _____ passeio.

h) Entreguei a bolsa _____ prima de Ana.

GRAMÁTICA

Interjeição

Observe a cena e leia o texto do balão.

Oba! Que bom ver você!

Oba é uma interjeição.

> **Interjeição** é a palavra que exprime apelo ou sentimentos de medo, dor, susto, alegria etc.

As interjeições podem expressar diferentes sentimentos ou emoções. Veja a seguir.

- **Dor**: ai!, ui!
- **Alegria, felicidade**: ah!, oh!, eh!, oba!, viva!
- **Aversão**: ih!, chi!, chê!, arre!
- **Desejo**: oxalá!, oh!, tomara!
- **Aplauso**: bravo!, apoiado!, bem!, muito bem!
- **Apelo**: ó!, olá!, psiu!, alô!, socorro!, atenção!, cuidado!
- **Animação**: eia!, uh!, coragem! vamos!
- **Silêncio**: psit!, psiu!, xiu! xii!
- **Alívio**: ufa!, ah!, uf!

Quase sempre as **interjeições** são acompanhadas do ponto de exclamação.

ATIVIDADES

1 Sublinhe as interjeições.

a) Psiu! Não fale no cinema.

b) Ai! A folha cortou meu dedo.

c) Ufa! Chegamos a tempo.

d) Ah! Estou feliz por você.

e) Tomara que você consiga.

f) Atenção! Cuidado com o degrau.

g) Socorro! Alguém me ajude!

h) Bravo! Linda apresentação!

2 Circule e classifique as interjeições.

a) Bravo! Muito bem! _____

b) Arre! Que fruta amarga! _____

c) Oxalá ele chegue logo! _____

d) Coragem! Tudo vai ficar bem! _____

e) Ufa! Conseguimos terminar a prova! _____

f) Arre! Que calor! _____

3 Complete as frases com a interjeição adequada.

a) _____ Que maravilhoso!

b) _____ Faça silêncio!

c) _____ Que filme triste!

d) _____ Quem fala?

e) _____ Ele veio!

f) _____ Que bela casa!

g) _____ Bati o dedinho!

h) _____ Tem horas?

4 Escolha no quadro a interjeição adequada para completar as frases.

> Bravo!   Tomara!   Ai!   Ufa!

a) _____ Ainda bem que é você.

b) _____ Que peça sensacional!

c) _____ Tropecei na pedra.

d) _____ que dê tudo certo.

BRINCANDO COM A CRIATIVIDADE

Narrativa

Observe a pintura a seguir.

Ana Maria Dias. *Rolimã*. Acrílico sobre tela, 50 cm × 70 cm.

- Crie uma história em que os personagens sejam as crianças retratadas nessa pintura.

Planejar e produzir

1. Lembre-se de descrever as crianças em detalhes. Isso ajuda o leitor a embarcar em sua história!
2. Pense no enredo e onde a história se passará.
3. Aproveite para usar algumas das interjeições que você conheceu na unidade.

Reler, revisar e editar

1. Faça uma releitura de sua história, observando se os personagens foram bem descritos. Verifique, também, se os acontecimentos estão em uma sequência lógica.

Compartilhar

1. Com os colegas, façam uma roda de leitura para que cada história seja compartilhada. Depois, reflitam sobre como uma única imagem permitiu a criação de muitas histórias diferentes.

BRINQUE MAIS

1 Acentue corretamente as palavras com os acentos ´ e ^. E use o til (~).

a) Ha muitos seculos, esse territorio era tranquilo.

b) O aviao fez uma linda manobra no ceu.

c) Quero uma lamina de queijo para por no pao.

d) Tiao e timido, por isso se escondeu naquele comodo.

2 Escreva o nome das imagens.

a) _____

b) _____

c) _____

d) _____

e) _____

f) _____

3 Encontre no diagrama de palavras:

a) um substantivo abstrato;

b) um substantivo epiceno;

c) um adjetivo;

d) um substantivo concreto.

V	M	K	D	F	H	P	R	Y	D	P	W	E	T	B
B	H	B	I	S	N	R	Q	V	T	X	B	N	P	A
E	S	W	R	I	Y	A	N	I	N	S	A	T	Q	B
R	M	Q	N	R	E	C	M	K	X	R	L	O	B	X
L	A	B	M	A	Q	I	U	H	A	L	E	P	N	Q
N	C	N	B	H	K	N	R	N	S	N	I	H	M	B
A	I	P	S	H	D	H	L	O	P	D	A	H	H	N
Q	O	W	Y	M	K	A	N	S	B	E	V	Y	J	O
B	T	H	O	N	E	S	T	I	D	A	D	E	L	P

BRINQUE MAIS

4 Observe as ilustrações e crie uma frase para cada uma delas. Em cada frase, coloque ao menos uma preposição.

a)   b)

_____   _____

5 Com base nos substantivos apresentados, forme outros. Veja o modelo.

Substantivo simples	Substantivo composto	Substantivo derivado
cachorro	cachorro-quente	cachorrada

6 Complete o diagrama com os verbos conjugados conforme indicado.

1 **Cantar**, 2ª pessoa do singular do pretérito perfeito do indicativo.
2 **Vender**, 3ª pessoa do plural do futuro do pretérito do indicativo.
3 **Aumentar**, 1ª pessoa do singular do futuro do subjuntivo.
4 **Pôr**, 1ª pessoa do plural do pretérito imperfeito do indicativo.
5 **Escrever**, 1ª pessoa do singular do presente do subjuntivo.
6 **Compor**, 3ª pessoa do plural do futuro do presente do indicativo.
7 **Ir**, 1ª pessoa do plural do pretérito mais-que-perfeito do indicativo.
8 **Falar**, 1ª pessoa do plural do pretérito imperfeito do subjuntivo.

- Que verbo conjugado aparece nos quadrinhos destacados na vertical?

7 Escolha quatro verbos do diagrama e forme uma frase no caderno com cada um deles.

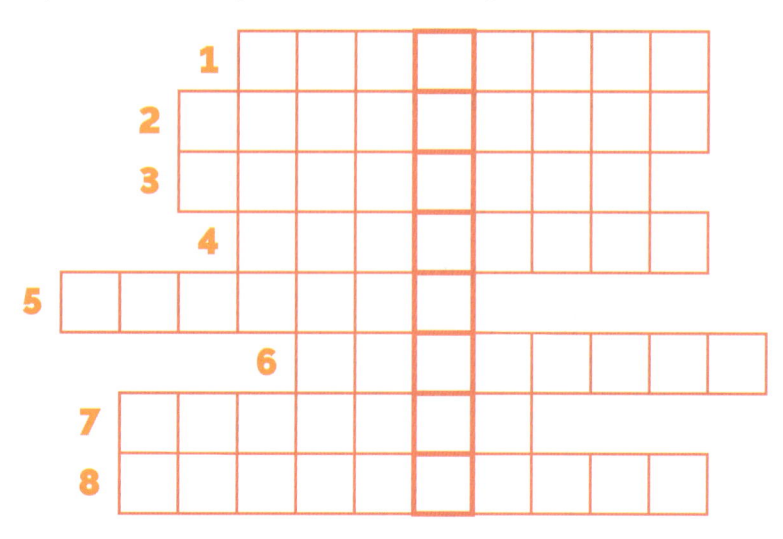

Indicativo

Presente	Pretérito imperfeito	Pretérito perfeito	Pretérito mais-que-perfeito
Eu ponho	Eu punha	Eu pus	Eu pusera
Tu pões	Tu punhas	Tu puseste	Tu puseras
Ele/Ela põe	Ele/Ela punha	Ele/Ela pôs	Ele/Ela pusera
Nós pomos	Nós púnhamos	Nós pusemos	Nós puséramos
Vós pondes	Vós púnheis	Vós pusestes	Vós puséreis
Eles/Elas põem	Eles/Elas punham	Eles/Elas puseram	Eles/Elas puseram

Indicativo / Imperativo

Futuro do presente	Futuro do pretérito	Afirmativo	Negativo
Eu porei	Eu poria	Põe tu	Não ponhas tu
Tu porás	Tu porias	Ponha você	Não ponha você
Ele/Ela porá	Ele/Ela poria	Ponhamos nós	Não ponhamos nós
Nós poremos	Nós poríamos	Ponde vós	Não ponhais vós
Vós poreis	Vós poríeis	Ponham vocês	Não ponham vocês
Eles/Elas porão	Eles/Elas poriam		

Subjuntivo

Presente	Pretérito imperfeito	Futuro
Que eu ponha	Se eu pusesse	Quando eu puser
Que tu ponhas	Se tu pusesses	Quando tu puseres
Que ele/ela ponha	Se ele/ela pusesse	Quando ele/ela puser
Que nós ponhamos	Se nós puséssemos	Quando nós pusermos
Que vós ponhais	Se vós pusésseis	Quando vós puserdes
Que eles/elas ponham	Se eles/elas pusessem	Quando eles/elas puserem

BRINQUE MAIS

Formas nominais	
Infinitivo impessoal	**Gerúndio**
Pôr	Pondo
Infinitivo pessoal	**Particípio**
Pôr eu Pores tu Pôr ele Pormos nós Pordes vós Porem eles/elas	Posto

Aprenda a conjugar os verbos a seguir.

Indicativo			
Presente			
Ter	**Ser**	**Haver**	**Estar**
Eu tenho	sou	hei	estou
Tu tens	és	hás	estás
Ele/Ela tem	é	há	está
Nós temos	somos	havemos	estamos
Vós tendes	sois	haveis	estais
Eles/Elas têm	são	hão	estão
Pretérito imperfeito			
Eu tinha	era	havia	estava
Tu tinhas	eras	havias	estavas
Ele/Ela tinha	era	havia	estava
Nós tínhamos	éramos	havíamos	estávamos
Vós tínheis	éreis	havíeis	estáveis
Eles/Elas tinham	eram	haviam	estavam
Pretérito perfeito			
Eu tive	fui	houve	estive
Tu tiveste	foste	houveste	estiveste
Ele/Ela teve	foi	houve	esteve
Nós tivemos	fomos	houvemos	estivemos
Vós tivestes	fostes	houvestes	estivestes
Eles/Elas tiveram	foram	houveram	estiveram

Pretérito mais-que-perfeito

Eu tivera	fora	houvera	estivera
Tu tiveras	foras	houveras	estiveras
Ele/Ela tivera	fora	houvera	estivera
Nós tivéramos	fôramos	houvéramos	estivéramos
Vós tivéreis	fôreis	houvéreis	estivéreis
Eles/Elas tiveram	foram	houveram	estiveram

Imperativo

Afirmativo

Ter	Ser	Haver	Estar
Tem tu	Sê tu	Há tu	Está tu
Tenha você	Seja você	Haja você	Esteja você
Tenhamos nós	Sejamos nós	Hajamos nós	Estejamos nós
Tende vós	Sede vós	Havei vós	Estai vós
Tenham vocês	Sejam vocês	Hajam vocês	Estejam vocês

Negativo

Não tenhas tu	Não sejas tu	Não hajas tu	Não estejas tu
Não tenha você	Não seja você	Não haja você	Não esteja você
Não tenhamos nós	Não sejamos nós	Não hajamos nós	Não estejamos nós
Não tenhais vós	Não sejais vós	Não hajais vós	Não estejais vós
Não tenham vocês	Não sejam vocês	Não hajam vocês	Não estejam vocês

Subjuntivo

Presente

Ter	Ser	Haver	Estar
Que eu tenha	Que eu seja	Que eu haja	Que eu esteja
Que tu tenhas	Que tu sejas	Que tu hajas	Que tu estejas
Que ele/ela tenha	Que ele/ela seja	Que ele/ela haja	Que ele/ela esteja
Que nós tenhamos	Que nós sejamos	Que nós hajamos	Que nós estejamos
Que vós tenhais	Que vós sejais	Que vós hajais	Que vós estejais
Que eles/elas tenham	Que eles/elas sejam	Que eles/elas hajam	Que eles/elas estejam

BRINQUE MAIS

Subjuntivo			
Pretérito imperfeito			
Ter	Ser	Haver	Estar
Se eu tivesse Se tu tivesses Se ele/ela tivesse Se nós tivéssemos Se vós tivésseis Se eles/elas tivessem	Se eu fosse Se tu fosses Se ele/ela fosse Se nós fôssemos Se vós fôsseis Se eles/elas fossem	Se eu houvesse Se tu houvesses Se ele/ela houvesse Se nós houvéssemos Se vós houvésseis Se eles/elas houvessem	Se eu estivesse Se tu estivesses Se ele/ela estivesse Se nós estivéssemos Se vós estivésseis Se eles/elas estivessem
Futuro simples			
Quando eu tiver Quando tu tiveres Quando ele/ela tiver Quando nós tivermos Quando vós tiverdes Quando eles/elas tiverem	Quando eu for Quando tu fores Quando ele/ela for Quando nós formos Quando vós fordes Quando eles/elas forem	Quando eu houver Quando tu houveres Quando ele/ela houver Quando nós houvermos Quando vós houverdes Quando eles/elas houverem	Quando eu estiver Quando tu estiveres Quando ele/ela estiver Quando nós estivermos Quando vós estiverdes Quando eles/elas estiverem

Formas nominais			
Infinitivo impessoal			
Ter	Ser	Haver	Estar
Infinitivo pessoal			
Ter eu Teres tu Ter ele/ela Termos nós Terdes vós Terem eles/elas	Ser eu Seres tu Ser ele/ela Sermos nós Serdes vós Serem eles/elas	Haver eu Haveres tu Haver ele/ela Havermos nós Haverdes vós Haverem eles/elas	Estar eu Estares tu Estar ele/ela Estarmos nós Estardes vós Estarem eles/elas
Gerúndio			
Tendo	Sendo	Havendo	Estando
Particípio			
Tido	Sido	Havido	Estado